JN273006

Change lives.
Change organizations.
Change the world.

スタンフォードの未来を創造する授業

オーマイグラス株式会社
代表取締役CEO
清川 忠康
Tadayasu Kiyokawa

SOGO HOREI PUBLISHING CO., LTD

まえがき

「世界を変えてみせる」

もし、目の前にこんなことを言う人がいたら、みなさんはどう思うでしょうか。きっと、「この人、少し変だよね」みたいなドン引きの反応をするのではないでしょうか。

ところが、まったく逆の反応をされる場所があります。誰もがものすごく前のめりな姿勢で、「一体、どんな風に世界を変えるつもりなのか」と好奇心に目をきらきらさせながらその人の話に耳を傾けてくれるのです。

それがアメリカ西海岸シリコンバレーにあるスタンフォード大学です。

私は２００９年９月からの２年間、このスタンフォード大学のビジネススクールで学びました。そこでは世界中から集まってくる学生と机を並べ、ビジネスに関する様々な知識を学んだり、実際のビジネスの立ち上げを体験しました。それだけにとどまらず、私自身のものの考え方が大きく変わりました。

それまでの「失敗は恥ずかしいもの」「起業はリスキーだ」「新製品（サービス）は仕様書どおりに完璧に作り込んでから世にリリースするもの」といった自分の〝常識〟がまったくひっくり返ってしまったのです。

その最たるものが、冒頭の「世界を変える」という言葉への反応です。

実はこの「世界を変える」を含む、以下の3つのフレーズ「Change Lives.」（人生を変える）、「Change Organizations.」（組織を変える）、「Change the World.」（世界を変える）は、スタンフォード大学ビジネススクールの校訓なのです。

「Change the World.」という言葉を聞いて、あのスティーブ・ジョブズの有名な言葉を思い出す人もいるかと思います。

当時ペプシ・コーラの社長だったジョン・スカリーをアップルの社長にヘッドハンティングしたときの口説き文句がそうです。

「一生砂糖水を売る気かい、それとも世界を変えてみようと思わないか」

ここにも「Change the World」が出てきます。スタンフォードに限らず、シリコンバレーでは大きなビジョンを掲げる際にお決まりのように使われるフレーズなのです。

なぜスタンフォードでは、「Change the World」のような壮大な言葉が否定的な見方をされずに前向きにとらえられるのかと言えば、ジョブズのように、「Change the World」を実現してきた人を多数輩出しているからに他なりません。

実際、ヤフーやグーグルをはじめ、シスコシステムズ、サンマイクロシステムズなど、最初は「これ何なの？」みたいに受け止められても、強烈なビジョンを持った創業者が「世界を変える」とか、「人の行動様式を変える」と言い続けて、実際にそれを実現し、企業も大きくなって世界を動かしているという伝統がスタンフォードには脈々と受け継がれています。

ここでいう「世界」とは、言葉通りの意味にとどまらず、「できないと思っていることを実際にできるようにする」といったマインド的なものです。

日本では夢物語みたいになってしまいますが、スタンフォードでは実際にやっている人がいるのです。

その一方、スタンフォード大学では、日本や日本人の存在感の低下という厳しい現実も同時に思い知ることになりました。

実は、スタンフォード大学は私にとって3回目の米国留学先になります。しかし、過去2回と違って、世界の日本に対する関心が格段に薄れているという実感を持ちました。実際、１９９０年代には15人くらいいたと言われる日本からの留学生は、私の代ではわずか４人に減ってしまいました。その代わり、ものすごい勢いで増えてきているのが中国やインドからの留学生で、ケーススタディで取り上げられるアジア企業の例も今ではこれらの国のケースが主流となっています。

私は約2年前に日本に帰国し、現在はメガネに特化したＥＣサイト「Oh My Glasses」を運営しています。そして、スタンフォード大学のビジネススクールで学んだことをビジネスの現場でまさに実践中です。同時に、ビジネススクールで過ごした2年の間に受けた様々なエキサイティングな授業、そこで現実に生まれている様々なイノベーション、そして、それを通じて起こった私自身の心の変化を、機会あるごとに日本のみなさんに講演会やセミナーという形でシェアさせていただいています。これを記憶の薄れないうちに書籍という形で残したいと思ったのが本書の発刊のきっかけです。

この本がみなさんにとって何らかの示唆になれば、こんなに嬉しいことはありません。

目次

第2章　スタンフォード留学の2年間

第3章 起業家精神をたたき込まれたビジネススクールの授業

第4章　イノベーションを実現するデザインスクールの授業

第5章　誰でも世界は変えられる

装丁 小松 学（エヌワイアソシエイツ）
本文デザイン 土屋和泉
本文組版 横内俊彦
地図制作 熊アート
カバー写真提供 BLOOMimage/Getty Images
本文写真提供 Nancy Nehring/Getty Images、ＰＡＮＡ通信社
編集協力 成田真理

スタンフォード大学の位置

第1章

スタンフォード留学まで

Introduction

私の生い立ち、起業家の家系

子供の頃に焼きついた父の背中

世界屈指の名門校であるスタンフォード大学は、アメリカ合衆国西部にある私立大学です。サンフランシスコの南東約60キロメートル、シリコンバレーの中心に位置しています。カリフォルニア州知事を務め、大陸を横断するセントラルパシフィック鉄道を創業したリーランド・スタンフォード（1824～1893）が、1891年に設立。彼の一人息子、リーランド・スタンフォード・ジュニアが15歳の時に腸チフスで亡くなり、この最愛の息子の名を残すために所有していた牧場に設立されたことから、正式名称は「リーランド・スタンフォード・ジュニア大学」なのです。

私がこの大学のビジネススクールで２年間の学生生活を送ることになるまでに、実は２度のアメリカ留学を経験しています。そしてそれらの留学を決意するには、いま振り返れば私の生い立ち、幼少期から少年時代の体験が深く関わっていました。スタンフォード大学での密度の濃い２年間について語る前に、まず、そこからお話したいと思います。

私は１９８２年、大阪で生まれました。祖父も父も自営業という家庭で育ち、物心ついた頃から、自営業の面白さを折に触れ聞かされていました。

父は若い頃、当時としては珍しく海外の名門大学を卒業し、日本に帰国したのですが、それから2年ほど経ったときに祖父の会社の当時取引先であった金属メッキ加工会社が倒産の危機に陥りました。父は当時、まだ24、25歳の若さでしたが、この会社の再生に取り組み、最終的には自分で会社を買い上げてしまったのです。

私の記憶に残っているのは、毎朝、始発電車で出掛けていき、最終電車で帰ってくる父の姿です。あまりにも仕事に没頭し過ぎたために、病気で倒れてしまったことさえありました。会社の再起に、それこそ生活のすべてを注ぎ込んでいた父の姿を間近で見ていたことが、私にも大きな影響を与えたと思います。そのために私自身が、後に企業再生の仕事に就くことになったのではないかと考えていますが、それはもう少し先の話です。

とにかく父の懸命な努力によって会社は倒産を免れました。父の会社と当時の自宅があった大阪市港区は天保山周辺のウォーターフロント開発や隣接する此花区のユニバーサル・スタジオ・ジャパンによって今は多くの人々がレジャーに集まる場所ですが、もともとは大阪港を中心に工業地帯として栄えたエリアです。

私が小学校に上がる頃には、新興住宅地として発展してきた箕面市に新築の家を買い、そこで暮らすようになったのです。私は地元の公立小学校に通いました。成績はそこそこ良かったのですが、なぜか優等生にはなれませんでした。というのも、同級生たちに馴染めなかったからです。しょっちゅういじめに遭っていましたし、週に1～2回は誰かと大喧嘩をしていました。同級生ばかりか、担任の先生とも取っ組み合いになるようなことがあって、母親が頻繁に学校に呼び出されていたのです。

日本の小学校というのは、みんなと同じように行動する子どもが「いい子」と見なされます。全員が決められたルールに押し込められて、人とちょっとでも違うことをする子どもは、先生に叱られたり、同級生から仲間はずれにされたりします。個性を尊重してくれることがなく、それが私には合いませんでした。

後にスタンフォード大学に留学した際、誰もが「人と違うことをやりたい」と当たり前のように主張し、他人と同じではなく違うところを尊重する文化に触れたとき、改めて小学校時代に自分がいかに窮屈な思いをしていたのか、気づかされることになりました。

勉強のパターンを身につける

そんなわけで、いじめに遭ってばかりの私を見かねた両親の勧めで、私は小学校を卒業すると自宅から少し離れた私立中学に通うことになりました。最終的に入学することになった履正社学園豊中中学校を選んだ1つの理由は、入学試験の際に内申書の提出が必要なかったからです。小学校時代、まるで問題児のように扱われていた私は、先生にまともな内申書を書いてもらうことはとても期待できませんでした。

履正社では、中学から高校へエスカレーター式に上がることもできましたが、私はもっとチャレンジングな高校に行きたいと考えていました。ですから、中学時代はほとんどの時間を勉強に費やしていたのです。放課後には、難関校の合格率では定評のある進学塾に通い、ひたすら勉強です。塾の授業が夜の10時に終わると一目散に帰宅して、それからもまた、もちろん勉強。とにかく、自分で納得できる「いい高校」に入りたいという強い思いに突き動かされていました。ですから、甘く楽しい〝青春の思い出〟というのは、中学時代には一切ありません。

私立中学に入学したこともあり、当初の成績はクラスでも下位でしたが、勉強に打ち込んだ結果、成績がみるみる上がりました。これはその後、慶應義塾高等学校でも、アメリカ留学でも、私の勉強のスタイルを特徴づけるものになりました。入学当初は下から数えたほうが早いくらいの成績しか取れなかったのが、卒業する時にはクラスの中でも成績上位者になっているのです。2回目のアメリカ留学で入学したインディアナ大学でも、最初のテストではクラス34人中32位という成績でしたが、卒業間近の最終学期ではオールAに近い成績にまでなりました。もちろん、3回目のアメリカ留学、スタンフォード大学のときも同じパターンになりました。このパターンが身に染みていたからこそ、常にあきらめずに勉強することができました。

〝過保護な〟両親からの自立を考える

さて、大阪に住んでいた私が、15歳にして単身東京に渡り、慶應義塾高等学校を選んだのにはいくつか理由があります。先にお話した、自分の納得できる「いい学校」として慶應は申し分なかったということもありますが、何より東京に行きたいという思いが私にはありました。

私には兄弟、姉妹がいなかったし、幼い頃にいじめに遭っていたために両親がすごく心配してくれて、少々過保護なところがあると感じていました。両親の気持ちはわからなくもなかったのですが、やはり中学時代はそれがストレスになっていたことも事実です。高校では、何とか両親から離れ、自立した生活をしたい。どうにかして過保護な両親に、東京に行くことを納得させたい。そのためには慶應のような名の通った学校に合格すればいいと考えたわけです。

東京に行きたかった理由がもう1つあります。私の父が海外の大学を卒業していることはすでにお話ししましたが、実は父は大学在学中に1年休学してアメリカに留学していたのです。その父が私に、「アメリカには絶対に行ってこい」と何度も言っていたので、私もアメリカ留学には大いに興味がありました。アメリカに行くために、まずは日本のトレンドの中心である東京で生活をするべきだと強く思ったのです。大阪に住んでいた中学生当時、テレビでよく見ていた東京の風景に一種の憧れを抱いていたのも事実です。

プロゴルファーをめざした高校・大学生活

〝体育会〟ゴルフ部で24時間ゴルフに打ち込む

いよいよ慶應義塾高校に入学しました。親元を離れ、東京に来たことで、生活は大きく変わりましたが、何より私の生活を変えたのは、体育会ゴルフ部だったのです。

私は中学時代から、父を真似てゴルフをするようになっていました。プロによるレッスンを受け、時々ショートコースにも出ることがありました。そこで高校から本格的にゴルフに取り組むことにしたのです。

実際、高校のゴルフ部に入部してみると、本格的どころではありませんでした。いわゆる体育会系で練習も厳しく、激しいしごきもありました。あまりにもハードな練習について行けず、途中で辞めていく仲間もたくさんいたのです。私自身もスポーツに真剣に打ち込んだのはこれが初めての経験で、最初はやっとの思いで練習について行ったものです。時には泣きながら耐えることもありました。

練習の一例を挙げれば、毎日の走り込み。慶應義塾高校は慶應義塾大学日吉キャンパスの一角にあり、キャンパス内の並木道を毎日のように何十本と倒れるまでダッシュしました。それがどれほどハードだったかと言えば、入部して半年から1年ほどで、私の体重が一気に15キロほど減ってしまったほどです。

実は私は中学時代は身長１６０センチメートルのところ、体重は80キロぐらいありました。それがみるみる65キロまで痩せていったのは、間違いなくゴルフ部の練習のお陰です。急激な体型の変化は、人の性格まで変えます。中学時代は勉強ばかりしてつきあっている友人も少なかった私でしたが、高校ではゴルフ部の仲間や多くの友人と親しくつきあうようになりました。

高校生活の拠点になったのは、校舎からほど近い主に大学生が住んでいた学生向けアパートでした。大学の附属のゴルフ場でももちろん練習しましたが、それでも足りずに、近くの民間のゴルフ場にも通いました。そこの経営者とは仲良くなって、ボール拾いやボール洗いのアルバイトをする傍ら、早朝や深夜の時間帯に無料で練習をさせてもらいました。早朝の自主練習を終えて、学校の授業、放課後には夜まで部活の練習。アパートの部屋に帰って食事をしたら、そのままバタンと倒れて寝てしまうような生活だったのです。

とはいうものの、勉強も決しておろそかにしていたわけではありません。入学当初こそ学年でも下位の成績でしたが、高校3年生になったときは学年の上位1割程度には入っていたと思います。このくらいの成績があれば大学への内部進学でも、医学部以外ならどの学部でも選べます。そこでそのままエスカレーター式に慶應義塾大学法学部法律学科に入学することを決めました。

法学部を選んだ理由は極めて単純です。大学でもゴルフを続けるつもりでしたから、できるだけ勉強に時間をかけずに済む選択をしたのです。他の学部ではほとんどの授業が半年単位で試験も多かったのに対して、法学部は1年単位の授業が主で、試験も年間で1～2回でした。それなら、試験直前に集中して勉強すれば、何とか乗り切れるというわけです。たとえば、期末試験で教授に初めて会ってあいさつした授業もあったくらいです。

ケガで夢破れたプロゴルファーへの道

大学入学と同時に、もちろん体育会のゴルフ部に入部しました。このときは、プロゴルファーとして身を立てることも真剣に考えていたのです。これまで以上に練習に打ち込み、家には帰らずに大学の練習場に泊まり込むこともしょっちゅうでした。大学3年生になり、周りの同級生たちがそろそろ就職のことを考え始める様子をよそに、私は生活のすべてをゴルフに注ぎ込んでいました。みんなと一緒に就職活動をすることなど、これっぽっちも考えてはいなかったのです。

しかし、そんな生活に、ある日突然、終わりがやってきました。あまりにも過度な練習に体が耐えられなくなり、とうとうケガをしてしまったのです。もう今までと同じように練習できない。プロを目指す他の人たちと同じ練習量をこなせないようでは、これから先、勝負になりません。プロゴルファーになることをあきらめ、突然の方向転換を迫られることになったのです。

大学4年に進級したばかりの春、最後の試合を終えてゴルフ部を引退した私を待っていたのは、果てしない無気力でした。高校、大学を通じて6年間、自分の全精力を注ぎ込んでゴルフを続けてきたのに、一切がなくなってしまったのです。就職活動に目を向けることもできずに、ただただ茫然とする日々でした。

最初のアメリカ留学、スタンフォードとの出会い

ゴルフからビジネスでの成功に転向する

　ここで私に力を与えたのが、かつて父から繰り返し言われていた「アメリカには絶対に行ってこい」という言葉でした。親元を離れて過ごす東京での学生生活の間も、この言葉を忘れていたわけではけっしてありません。機会さえあればアメリカに行きたい気持ちはありましたが、現実問題としてゴルフを生活の最優先にしていた私には、その機会を作ることはできませんでした。

　プロゴルファーへの道を断念し、ビジネスの世界で生きていこうとやっと思い始めた私には、「今まで行きたくても行けなかったアメリカに、今こそ行くべきだ」という強い思

いが芽生えたのです。そこでアメリカ留学について初めて詳しく調べた結果、ビジネススクール（経営大学院）やＭＢＡ（経営学修士）の存在を知ることになるのです。

当時、東京ではハーバード大学やスタンフォード大学のビジネススクールの留学説明会が開催されていました。私はまだ大学生でしたが社会人に交じって忍び込んで参加していました。そこではこれらのビジネススクールを卒業した日本人の話を直に聴くチャンスがあり、大いに刺激を受けました。

「俺も絶対にハーバードやスタンフォードに行ってやる」

と心の中で自分自身に誓ったものです。

しかし、すぐに壁にぶつかりました。ようやく気持ちを切り替えて、すぐにでもハーバードやスタンフォードのビジネススクールに入学する気になったにも関わらず、「今の自分にはかなり難しい」ということに気づいたのです。というのも、ビジネススクールの学生のほとんどは一定期間の職務経験を経てから受験しており、職務経験なしでの入学は極めて厳しいものだったからです。さらに、外国人留学生には英語力を示すＴＯＥＦＬ（Test of English as a Foreign Language）のスコアの提出が求められますが、当時の私は、希望のビジネススクールの入学条件となるスコアにはまったく届いていなかったのです。

それでも、ここで足踏みしているわけにはいきません。とにかくアメリカへ。そうした思いから、大学を休学してアメリカに語学留学することにしました。留学先はサンフランシスコにしました。私の最初のアメリカ留学です。

スタンフォードのオープンな環境に圧倒される

この語学留学期間中、オフタイムを使ってスタンフォード大学を見学に行ったことが、私にとって強烈な体験になりました。

ゴルフ一筋の学生生活を送ってきた当時の私にとって、スタンフォード大学は自分とはおよそかけ離れた遠い世界でした。グーグルを創業したラリー・ペイジ、ヤフーを創業したジェリー・ヤンをはじめ、起業家としてアメリカを代表する世界的な成功者を数多く輩出している名門校です。

その時、私が滞在していたサンフランシスコから、スタンフォード大学のあるシリコンバレーまでは車で約1時間。その中心にあるスタンフォード大学に足を踏み入れると、3000ヘクタールを超える全米屈指の広大なキャンパスが広がっています。学生たちはそこを自転車で軽快に移動しています。ちょっと話しかけてみると、誰もがフランクに接してくれます。晴れ渡った真っ青な空の下で、自由闊達に行動し、オープンに語り合う人々の姿は、私の目に鮮烈に映りました。

シリコンバレーのビジネスの熱気やそこで生まれた数々のイノベーションについてはもちろん知識がありましたが、それはただ表面をとらえただけの薄い知識だったのです。初めて自分の感覚で、「この学校は本当にすごい」と感じることができました。それだけに、「アメリカのビジネススクールに行きたい」という思いがいっそう強くなったのです。

当時の私は語学留学のコースに参加していたので、教室で机を並べているのも当然ながら世界各国から集まった外国人留学生ばかりです。そうではなくて、アメリカ現地の優秀な学生たちと一緒に学びたい。そうした欲求に突き動かされるように、アメリカの大学院を受験することを決めました。

本格的な留学をめざして英語の猛勉強をはじめる

とはいえ、職務経験がないのでどうしたって行きたいと思っていたトップスクールに入学するのは無理です。そこで、入学に職務経験を問われず、会計学やファイナンスを学べるレベルの高い大学を探して、中西部にあるインディアナ大学を選びました。当時、父の影響もあり、ビジネスの世界に身を置くことをすでに決意していたので、ビジネスの基礎である会計やファイナンスを学ぶことは将来必ずプラスになると考えていました。

目標が明確に定まると、前にも増して英語の勉強に熱が入るようになりました。ＴＯＥＦＬはもちろんのこと、数多くのビジネススクールが入学者選抜に採用しているＧＭＡＴ（Graduate Management Admission Test）にも、将来のビジネススクールの受験を見据えて取り組むようになったのです。

サンフランシスコへの語学留学についてはあらかじめ期間が定められていたので、インディアナ大学受験の前に一度日本に帰国する必要がありました。帰国して、慶應義塾大学で最後の1年間を過ごしたのですが、ここでも英語の勉強に集中しました。

実はこのとき、高校・大学と6年間続けたゴルフ部の経験が、最大限に活きたと思っています。厳しい練習、激しいしごき、何時間も正座したままで行われるミーティングなど、とにかく忍耐を要することが多かったわけですが、そこで養われた忍耐力を勉強に向ければ必ずうまくという確信が私にはありました。当時、英語の勉強を1日おきに夜通し続けていましたが、ゴルフ部で培った体力と集中力のお陰で乗り切れたのです。

2度目のアメリカ留学、会計学とファイナンスを学ぶ

まったくついていけなかった当初の授業

2005年3月、慶應義塾大学を卒業しました。再び渡米し、インディアナ大学大学院に入学したのは、同年6月のことです。

8カ月という短い期間だったとはいえ、アメリカで語学留学を経験していましたし、帰国後も英語に関しては猛勉強をしましたから、英語力にはかなりの自信を持っていました。しかしその自信も、入学早々に呆気なく打ち砕かれてしまうのです。

今思えば、それも当然です。最初のアメリカ留学では先にお話したとおり、クラスメート全員が海外留学生で、お互いに不自由で不完全な英語で意思疎通をしていました。一方、

インディアナ大学で私が受けたのは、現地アメリカ人のための授業です。本場のアメリカ人にしか聴き取れない表現、アクセントで講義が進んでいきます。最初の学期は、教授の言っていることがほとんどわかりませんでした。時には、宿題の内容さえわからず、隣りに座っているクラスメートに授業後に聞いたりしていたほどです。

もちろん、話の内容である会計学やファイナンスについては教科書にほとんど書かれてはいましたが、私は日本では法学専攻で、それら専門分野は畑違いでしたから、基礎知識から自分で学んでいく必要がありました。

日本では考えられないことですが、アメリカの大学の図書館はほとんど24時間オープンです。それだけ、利用者がいるということです。学生たちも、日本の大学生とは比べものにならないくらい勉強しています。私は毎日、授業が終わると夕食まで図書館の自習室にこもって勉強しました。夕食後は再び図書館で、朝の3時や4時頃まで勉強。部屋に戻って3、4時間の睡眠を取り、朝7時に起きるという生活でした。とにかく毎日必死だったことをよく覚えています。

日本人とつるむことを極力避ける

日本人の特徴として、留学先では日本人同士でかたまることが多いとはよく聞いていましたが、インディアナ大学でもご多分にもれず、日本人留学生の多くは互いに親しくしていたようです。もちろん日本人同士で親しい関係を築くことのメリットも理解はしていました。しかし、私はあえて彼らとは交わらずに過ごしていました。

この姿勢は、後にスタンフォード大学に留学したときも変えませんでした。スタンフォード大学ではそもそも日本人留学生の数が少なかったのですが、韓国人や中国人といったアジア人同士が親しくしている姿はよく見かけました。その輪にもあえて入ることはしませんでした。せっかくアメリカまで来て、同じ出身エリアや同じ国籍というだけの狭い尺度でつきあいの範囲を決めることを避けていたのです。時には、アメリカ人だけのパーティーにアジア人が私一人だけということもありました。なかなかパーティーでの会話についていけず、苦労しました。

このことが結果的に、自分自身のアイデンティティについて強く意識することにつながるわけですが、それはまた後に詳しくお話しします。

スタンフォード留学を決意、合格するまで

金融の知識を活かして投資銀行に就職

インディアナ大学大学院での2年間の留学期間も終わりに近づき、帰国後の就職について考える時期になりました。

慶應義塾大学のゴルフ部の先輩に頼み、つてをたどって大手企業に就職することは容易だったかもしれません。そもそも大学の体育会には毎年、大手企業からリクルーターが来ていて、引く手あまた、という話も同級生から聞いていました。ただ、そうした大手企業と言えばたいていは国内の銀行か広告代理店で、入社後も体力を活かした営業活動を求めているようでした。私は、インディアナ大学大学院でせっかく会計学やファイナンスを学

んだからには、その知識を活かし、プロフェッショナルを目指せる仕事をしたいと考えていました。

そうした自分の希望を満たすために、外資系金融会社かコンサルティング会社に照準を合わせました。周りを見回しても、インディアナ大学で私が優秀だと思っていた同級生はやはりみんな、同様の会社に就職することを目指していました。

とりわけ、クラスメートの中でも最も優秀で、私自身はとてもかなわないと思っていた学生が、世界最大級の投資銀行、ゴールドマン・サックスに入社を決めたという話は、特に私を奮い立たせました。当時は、優秀な人材はニューヨークの金融街ウォールストリートをめざす、という風潮があったのかもしれません。投資銀行では具体的にどんな仕事ができるのかを自分で調べたり、関係者に話を聞かせてもらったりもしました。当時最もホットな業界で、年齢に関係なく若くても実力次第で活躍のチャンスが多く、私にとって魅力的でした。

実は私が何よりも興味を持ったのは、「朝の3時くらいまで働かされるきつい業界らしい」という話だったのです。高校・大学を通して6年間、ストイックに全身全霊を傾けてゴルフ部に打ち込んだ私にとって、今度こそビジネスの世界で絶対に誰にも負けたくないという気持ちがありました。ゴルフで満足いく結果を出せなかったことは、それほど悔しいことだったのです。体育会のあのきつい練習を乗り越えた体力や集中力をビジネスに活かせば、絶対に勝てるという自信もありました。「きつい業界」であるほど、自分の強みを活かせるというわけです。

仕事がきついということは、長年働くことを求められていないだろうという計算も働きました。自営業者である祖父や父の姿を見て育った私には、長期間同じ会社に勤め、ずっとサラリーマンを続けていくという発想がなかったのです。商社やメーカーであればやはり入社から5年程度の下積みが必要で、そこから初めて本格的にビジネスに取り組むので成果を出すまでに時間がかかります。外資系金融機関であれば仕事がきつい分、短期集中でそれなりの経験を積めるだろうと考えました。

就職に向けて、まずは２００５年秋、ボストンで開催された「ボストンキャリアフォーラム」に参加しました。これはアメリカに留学している日本人の学生向けに毎年開催されています。卒業後に就職を希望する学生を集めて、企業が会社説明会を催す場です。私は志望を外資系投資銀行に絞り、そこで面接を受けました。そして、幸いにもほとんどの会社からいい返事をもらうことができたのです。

今思えば、私が就職した2006年はちょうど投資銀行バブルの時期です。2008年9月、リーマン・ブラザーズが破綻し、リーマンショックが世界中を襲うまで、それが続きました。私がインディアナ大学大学院を卒業したのが2006年の秋でしたから、投資銀行は急速に業務拡大を続ける中、人材をいくら集めても足りない状況にありました。そんな時期だったからこそ、仕事も見つけやすかったのかもしれません。

私は2006年の夏、スイスに本拠地を置く世界有数の投資銀行、UBS証券でインターンシップを経験しました。その後はそのまま、新入社員として大学院卒業直後にUBS証券の東京支店に入ったのです。卒業後、アメリカで就職するという選択肢もありましたが、日本で仕事をすることを選びました。

壮絶だった投資銀行での1年

私が配属されたのは投資銀行本部でした。企業のM&Aや資金調達を担当する部署です。私にとって初めての社会人経験となりました。

「きつい業界」というのはまさしく本当でした。朝は9時には出社し、翌朝4時頃までオフィスで働きます。いったん帰宅してベッドに直行し、3時間ほど睡眠を取ると、シャワーを浴びてまた９時に出社する毎日です。最も忙しいときは、日曜日に出社してから、木曜日まで帰宅できないこともありました。

午前０時頃に上司から「この資料を明日の朝の会議までに作っておいて」と指示されるのも、珍しいことではありません。徹夜して是が非でも間に合わせました。

たまに午前２時頃に仕事が終わってしまうこともありましたが、そんなときは早く帰ることが悔しくて、４時までの２時間、オフィスで勉強しました。当時、大企業のＭ＆Ａや資金調達に関わる業務では、他の業界の新卒社員では考えられないほど大きな金額が動く案件を任されていましたから、常に気分が高揚していたのです。アドレナリンの分泌によって、毎日２、３時間の睡眠でも眠気を感じなくなります。もっとも、顔はげっそりとやつれてきますし、後々、体にガタがくることになりますが。

もちろん給料も相当なものでした。当時は投資銀行バブルということもあり、新卒１年目でもボーナスを含めれば１０００万円を簡単に超えていました。

社会人１年目でこれほどの高給を受け取ると、お金を使うことにも感覚が麻痺してきます。普段は買い物をする時間がないものですから、本当にたまの休みがあると、１日で数十万円の買物をしたこともありました。飲みに行くにもわざわざ高級クラブのＶＩＰルームを予約します。

そんなお金の使い方が楽しいかと言えば、けっしてそうではありません。3、4カ月もすると、虚無感に襲われるようになりました。せっかく日本で就職したのですから、高校や大学のときの友人たちから、飲みに誘われることもありましたが、時間が取れるはずもありません。約束しても仕事で急用が入ってキャンセルしてばかりですから、「次からはあいつに声をかけるのは止めよう」と、だんだん友人たちが離れていきます。気づけば、一緒に飲みに行くのは会社の同僚か、テレビ局や広告代理店といった同様の生活をしている業界の人たちばかりになっていました。

リアルなビジネスの現場を体験したくなる

とはいえ、仕事がきついことも、プライベートの時間がほとんどないことも、給料が高い代償だと思えば我慢できないことではありませんでした。ただ、そのうちに「今やっていることは、自分がやりたいことではない」とだんだんわかってきました。これはどうしようもなく耐え難いことです。

子どもの頃に間近で見ていた、会社を経営する父の姿。自分自身もビジネスパーソンとして大成したいという、強い思い。忙しい日常の合間、ふとそこに目を向けると、投資銀行での仕事がいかに実業からかけ離れているのかを感じてしまいます。事業をゼロから立ち上げ、軌道に乗せるといったリアルな現場体験を積まずに、いくら大きな金額を動かしていても、実業から隔離されていくばかりだと思いました。

そんな折、ロンドンにあるＵＢＳ証券のトレーニングルームで研修を受けるチャンスがありました。入社半年の頃です。そこで初めて静かに、自分のこれまでの半年を振り返りました。「自分は確かに投資銀行で日々働くことで多くのスキルを学べるし、勉強になっている。しかし、自分の望んでいる方向ではない」。そのことがはっきりわかりました。

帰国後、一時は投資銀行の業務に戻りましたが、２００７年末、ＵＢＳ証券を退職しました。正式に入社してからちょうど丸一年のことでした。

コンサルティング会社に転職、企業再生事業に携わる

ＵＢＳ証券を辞めた翌年の9月、リーマン・ブラザーズが破綻しました。あのままＵＢＳ証券に残っていたら、もしかしたら私は解雇されていたかもしれないので、結果的にはいいタイミングだったかもしれません。

私は経営共創基盤という当時立ち上がったばかりのコンサルティングファームに入社しました。実はこの会社の代表である冨山和彦氏はスタンフォード大学のビジネススクール出身です。私が最初のアメリカ留学を思い立ったあの留学説明会のスピーカーの1人でした。その時のスピーチに感銘を受け、冨山氏の人間的魅力、日本再生にかける思いには密かに注目していました。

その冨山氏が2007年4月に経営共創基盤を設立したことはUBS証券在職時から知っていましたが、現在となっては新卒採用も開始しているものの、当時は未経験者の採用を行っておらず、最低でも数年以上の企業再生業務やその関連分野での経験が求められるということで、いったんは入社を断られたのです。しかし最終的には、私のポテンシャルを評価してくれ、採用してもらえることになりました。

私に提示された年収はUBS証券時代のものに比べたら半分以下でした。最初は「これはさすがに無理だな」と思いましたが、もう投資銀行の仕事に戻りたくはありませんでした。キャリアをリスタートさせる覚悟を決めたのです。

投資銀行時代とは生活をガラリと変えるため、まず引っ越しをしました。それまで住んでいた都内一等地の部屋は家賃が20万円近くもしたため、安いところへと住まいを替えたのです。それには抵抗がありませんでしたが、なかなか慣れることができなかったのは電車通勤です。UBS証券では毎日の移動はもっぱらタクシーでしたが、そのような贅沢は言っていられなかったので、満員電車での通勤を始めました。しかし、すし詰めの車内で気持ち悪くなることが多く、ほどなくして自転車通勤に切り替えました。

私が取り組んだ仕事は、ターンアラウンド（再生）を中心とする様々なコンサルティングです。技術力のある中小企業の海外進出支援、業績不振に陥った病院や自動車小売会社の再生をはじめ、約2年間でいくつものプロジェクトに携わりました。仕事は投資銀行のときと同様ハードでしたが、ストレスの質が全く違いました。再生コンサルティングの仕事は、肉体的負担に加えて、大きな精神的負担があったように思います。というのも、自分で望んだこととはいえ、企業再生の仕事では企業経営のリアリズムに直面していたからです。

企業再生の対象となるのは、言うまでもないことですが、倒産の危機に瀕した業績不振の企業です。立ち直らせるために、時には組織の深いところまで踏み込み、人員や部門を削減する場合もあります。財務諸表をチェックする過程で、思わぬ粉飾決算を発見するような場面もありました。

前職で学んだ会計学やファイナンスのテクニックは、極端な言い方をするなら、テキストを読み込み、独学でもマスターできることだと思います。一方で、企業再生業務で目の当たりにした「人はどのようなときにどんな行動を取るのか」ということは、経験しなければ学べません。何より、自分が人間として成熟していなければ正面から向き合えないということがよくわかりました。

スタンフォードで「イノベーション」を学びたくなる

企業再生業務の現場で私が常に感じていたのは、漠然としたものでしたが、社会全体のイノベーションが、これからの日本経済に必要ではないかということでした。業績不振に陥った企業の一つひとつにまるで絆創膏《ばんそうこう》を貼るみたいに、傷を治していったところで、日本全体の復活につなげていくには限界があるのではないかと思ったのです。

たとえば、業績不振の地方の百貨店を再生するといっても、それは一時的な救済に過ぎないのではないかと思えて仕方ありませんでした。もし百貨店というビジネスモデルがもはや限界だとしたら、すぐにまた同じような状況に陥ってしまいます。

イノベーションという見地から考えなければ、日本全体の復活はあり得ない。それが私の中での結論でした。そのために、世界に影響を与えたイノベーションを数々生み出してきたシリコンバレー、その中心にあるスタンフォード大学に行きたい。そして、イノベーションが生まれてくる生態系システムの本質を学びたい。そう確信するようになったのです。

一度はスタンフォード大学を見に行って、鮮烈な印象を受けたとはいうものの、それまではなんとなく憧れていただけでしたが、ここでスタンフォード大学に入学する確たる目的が自分の中に見つかりました。スタンフォード大学ビジネススクールでＭＢＡを取りたい。経営をトータルに学び、自分の果たすべき役割を見直したい。そんな思いでした。ちょうどツイッターやフェイスブックといった、その後世界を席巻するソーシャル・ネットワーキング・サービスがシリコンバレーから発信され始めた時期とも重なり、それが私の思いに拍車をかけました。

最も大変だったのはエッセイ執筆

「会社を辞めてスタンフォード大学ビジネススクールに留学したい」という私の申し出に対して、会社は理解を示してくれました。「休職してＭＢＡを取りに行き、また戻ってきたら」とも言われましたが、そこはけじめだと思い、正式に退職することを決めました。そしてスタンフォード大学留学に向けて準備を始めたのです。

幸いにもインディアナ大学大学院留学時代に取ったGMATのスコアがまだ有効だったので、改めて取り直す必要はありませんでした。必要となったのはエッセイだけです。

エッセイというのは、アメリカの大学や大学院を受験する際、願書とともに必ず提出しなければならない小論文です。日本の大学受験の場合、試験の点数が合否を決定する仕組みになっていますが、アメリカの大学受験においては、テストの点数は合否を決定するための1つの要素に過ぎず、エッセイ、推薦状、これまでの学校の成績などより幅広く評価されます。

エッセイに関しては、「自分はなぜこの大学に入学するに値するのか」「この大学で学ぶことは自分の人生でどのような意味を持つのか」「この大学で学んだことを自分はどのように社会に役立てたいか」など、4、5テーマをそれぞれ400字程度で簡潔かつ詳細に書かなければなりません。ここで言う400字程度とはあくまで日本語相当という意味ですが、アメリカの大学に提出するので、執筆は当然英語で行わなくてはなりません。

私はこれまでの投資銀行での業務と、再生支援業務での実績、各プロジェクトで発揮したリーダーシップをエッセイのベースにしようと考えました。英語はかなり勉強してきましたが、やはり「簡潔かつ詳細に」エッセイを書くのは難しい作業でした。

あくまでもスタンフォード大学に入るための準備をしていたのですが、超難関であることは承知していましたから、不合格になった場合に備えて、ハーバードやペンシルバニアなど、他の大学のビジネススクールにも願書とエッセイを送っていました。最悪でもどこかのビジネススクールには絶対に行くつもりだったからです。

アメリカ屈指の名門として名高い、ハーバード大学とスタンフォード大学。両者にはいろいろな面で違いがありますが、入学時のエッセイでもそれぞれの特色が出ています。ハーバードは「what」＝「今まで何をやってきたのか」、すなわち、これまでの実績、結果を重視します。そのため質問内容も厳格なものになる傾向があります。一方、スタンフォードは「how」＝「そのときどのように考えて行動したか」というプロセスやそのときの考え方を重視するのです。そのため質問内容もハーバードに比べて曖昧なものになっています。

ですから、ハーバード大学の学生には過去に多くの実績を積んだ人が多いのに対し、スタンフォード大学では一芸に秀でた人や、一発逆転合格で入学する人も多いのです。ハーバードが政治家や大企業の経営幹部を、スタンフォードが起業家を多く輩出しているというのも、何となくわかる気がします。

さて、私は無事にスタンフォード大学ビジネススクールから、2009年9月の入学を認められました。スタンフォード大学留学の2年間にかかる学費は総額約1600万円。半分の800万円は自分の蓄え、数百万円は奨学金、残りは借金でまかないました。借金することには少々気が引けましたが、この挑戦にかけることにしました。

2009年6月には経営共創基盤を退職。7月に渡米して、コロンビア大学のプレMBA授業(MBAの事前準備コース)に参加。8月にスタンフォード大学のあるシリコンバレーへと移動しました。こうして、念願のスタンフォード大学での生活は、慌しく始まったのです。それからの密度の濃い2年間については、この後詳しくお話していきます。

第2章

スタンフォード留学の2年間

Dream

そもそもスタンフォード大学とは？

起業家を生み出す名門大学

スタンフォード大学はアメリカ合衆国西海岸、シリコンバレーの中心にある名門私立大学です。東海岸のアイビー・リーグ（ハーバード、イエール、プリンストン、ペンシルベニアなど、名門私立8大学から成る連盟）とともに、アメリカの高等教育において極めて重要な役割を果たしています。アメリカ国内のみならず、世界中から各国トップクラスの優秀な学生が集まっていることでも知られています。

ビジネススクールの場合、1学年の人数は400人以下ですが、そのうち約6割がアメリカ人、残り4割が海外からの留学生となっています。留学生の数はヨーロッパ、アジア、

スタンフォード大学のシンボル、フーバータワー

フーバータワーを中心に広がるスタンフォード大学の広大なキャンパス

中南米といった地域ごとに人数枠が決まっています。

スタンフォード大学を卒業した著名人は、政治家から宇宙飛行士、スポーツ選手まで枚挙に暇がないほどですが、ヤフーを創業したジェリー・ヤン、デビッド・ファイロに代表されるように、優れた起業家を数多く輩出している点で最も注目されています。

『USニューズ&ワールド』誌の2012年版ビジネススクールランキングで、スタンフォード大学はハーバード大学とともに1位に選ばれています。

私がスタンフォード大学での生活をスタートした頃、まず初めに感じたことが、これまでの2回の留学で出会った学生とはいろいろな意味で種類が違うということです。世界屈指の名門校で、入学についても超難関とは知っていましたが、実際にここで学ぶ学生に接して、レベルの高さを実感しました。

スタンフォードは7つのスクールで構成される

スタンフォード大学には、学部にあたる次の7つのスクール(School)があります。

・Graduate School of Business　経営大学院(いわゆるビジネススクール)

・School of Earth Sciences　地球科学部・大学院
・Graduate School of Education　教育学大学院
・School of Engineering　工学部・大学院
・School of Humanities and Sciences　人文・理学部・大学院
・Law School　法科大学院
・School of Medicine　医科大学院

以上の７つのスクールのうち、地球科学、工学、人文・理学の３スクールには学士課程および大学院がありますが、その他の４スクールは大学院のみです。先にもお話しましたが、私が入学した「Graduate School of Business　略称ＧＳＢ」こと、ビジネススクールは職務経験が必須ではないにしても、ほとんどの学生が入学前に最低でも数年間の職務経験を持っています。

ビジネススクールに関して言えば、アメリカ東海岸のハーバード、西海岸のスタンフォードがよく引き合いに出されますが、ハーバード大学では全ての授業がケーススタディなのに対して、スタンフォード大学では基礎理論や実務ノウハウの授業も一定時間設けられているのが特徴です。

パーフェクトな人材が集まるところ

職務経験のある学生が集まってきているということから、年齢は20代後半が中心だろうと思っていましたが、意外に若いことに驚きました。25、26歳が中心で、入学時27歳だった私は平均より少し年上という感じでした。もちろん、中には40歳を超えている人もいましたし、大学を出たばかりの21、22歳というもっと若い人もいました。

これほどの若さでスタンフォード大学に入っていると言えば、日本では勉強一筋の一見ひ弱そうな学生をイメージされがちではないかと思います。ところがスタンフォード大学では、そういう学生は意外と少ないのです。若くても学業に秀でていると同時に、スポーツや課外活動などにも積極的で、それらのすべてを本当に完璧にこなしているのです。私自身、日本ではこれほどどの分野においてもバランスよくパーフェクトな人たちというのを見たことがなかったので、相当にショックを受けました。

実際、スタンフォード大学は毎回のオリンピックでメダリストを多く出しています。たとえば、2008年の北京オリンピックでは全部で25個のメダル（金8、銀13、銅4）を、

２０１２年のロンドンオリンピックでも16個のメダル（金12、銀2、銅２）を獲得し、全米で最もスポーツの強い大学と言われています。また、プロスポーツの世界でもスタンフォードの卒業生は活躍しています。

その他にも、彼らがどれほど優秀かは、こんなエピソードにも表れていると思います。スタンフォード大学には年に一度開催される「ＧＳＢショー」という学生だけで行われるミュージカルがあります。これに運営委員として参加すると、１セメスター（学期）の時間を取られますから、その分、勉強の時間が相当削られることになります。ところが、運営委員会の主要メンバーの多くが、同学年の上位10％に入る成績優秀者なのです。そればかりか、中には学業だけでなくすべての活動を含めた優秀者に贈られる「アーバックラー・アワード」を獲得したメンバーもいたほどですから、どれほどの天才揃いかわかっていただけると思います。

こうした学生たちの姿を目にして、これから彼らと肩を並べていかなければならないと改めて感じたわけです。あふれるほどの希望とともに、「このままでは、やばい！」という気持ちがなかったと言えば、嘘になります。

ビジネススクール2年間のカリキュラム

入学初日、「スタンフォードに入った使命」を告げられる

スタンフォード大学があるアメリカ・カリフォルニア州パロアルトは、1年のうち300日くらいは晴れています。湿度も低く、カラッとしていて、少々嫌なことがあっても気持ちまですぐに晴れてしまうような天気が続いているのです。

入学初日、入学式の日も、素晴らしい晴天だったことをよく覚えています。

スタンフォード大学は私自身にとって大きな目標ではありましたが、世界でも有数の難関校ですから、必ず合格するという確信をもっていたわけでは決してありませんでした。

だから、ビジネススクールの入学事務担当の責任者であるデリック・ボルトン氏から直接

電話がかかってきて合格を伝えられ、「Welcome to Stanford!」と言われたことは、ちょっと言葉にするのが難しいほど強い印象として残っています。

入学式当日、古い校舎のホールに、新入生数百名が集まりました。私だけでなくほとんどの学生は、合格した喜び、これから始まる学生生活への希望に満ちて、浮き足立っている様子でした。

そんな私たちに、入学式で学校からのメッセージが厳かに告げられます。

「ここに来たことは、もしかすると新入生の君たちにとって幸せなことではないかもしれない。今ここに集まったということは、この学校の理念でもある『世界を変えよう』という言葉から一生逃げられないということだ。本当は普通に、平凡に生きていたほうが君たちにとって幸せだったかもしれない。単純に喜んでいいとは言えないけれど、ここに来た以上、ぜひ頑張ってほしい」。

私たちがスタンフォードの最初の1日に受け取ったのは、このように身の引き締まるようなメッセージでした。今振り返れば、それも新入生へのある種の励ましで、私たちは発破をかけられたんだと思います。ともかくも、2009年9月にこんなふうに始まった2年間の学生生活でした。

2年間のプログラム

大学生活の1年間は、秋学期、冬学期、春学期の3つのセメスター（学期）で成り立っています。私が過ごした2年間を、ざっくりですが次に示しておきます。

〈1年目〉
・秋学期（Fall Semester　2009年9月〜12月）
・冬学期（Winter Semester　2010年1月〜3月）
・春学期（Spring Semester　2010年4月〜6月）

《夏休み　2010年7月・8月》

〈2年目〉
・秋学期（Fall Semester　2010年9月〜12月）
・冬学期（Winter Semester　2011年1月〜3月）

・春学期（Spring Semester　２０１１年4月～6月）

秋学期と冬学期の間、冬学期と春学期の間にも2週間程度のまとまった休みが入りますから、ここで学生たちはスタディトリップなど思い思いの計画を立てて、それぞれにスタンフォード在学中でなければできない経験をします。

夏休みは約3カ月間と長いので、サマーインターンシップのプログラムが数多く用意されています。スタンフォード大学では、機会提供のためのシステムが充実しているので、在学中の2年間はそれを活用して好きなことに取り組む時間なのです。

私のような私費留学生の場合、普通なら夏休みは学費を稼ぐ方法を考えるところでしょう。外資系投資銀行とか投資ファンドといった給料が比較的高いところを選んで、夏休みの間、働くことになるわけです。ところがスタンフォード大学の場合、お金がないことで貴重な機会を喪失しないようにと、様々な制度が整備されています。たとえば、学校が紹介するインターンシッププログラムに参加した場合、渡航や生活に必要な最低限の給料が支給されます。もっとも、これは行った先によっても差があって、ＮＰＯ法人の場合は十分な給料を期待するのは難しいのですが。

詳しいことはこの後でも述べますが、ともかくもそんなわけで、2年間を通して6学期と、その合間の休みを十分有効に使って、勉強をしていくのです。

スタンフォード式があふれる授業選択のやり方

必修は最低限、自由度の高い選択科目

スタンフォード大学のビジネススクールには、普通の大学あるいは大学院にあるようないわゆるメジャー（専攻）というのがありません。

多くの大学や大学院ではファイナンス（金融）とかアントレプレナーシップ（起業家精神）などの専攻を決める必要があり、それぞれに卒業までに必要なトラック（各専攻で取らなければならない授業）が定められています。つまり、「どれとどれの授業を取らなければ、専攻の条件を満たせない。つまり卒業ができない」というようなことがかなりきっちりと決められていて、それほど自由がないものなのです。

ところがスタンフォード大学では、1年目に必修科目を取ってしまえば、後はかなり自由に自分の受けたい授業を受けることができます。

ただし、1年目、特に秋学期、冬学期はブートキャンプ（軍隊式トレーニングプログラム）かと思うほどびっしり必修科目が詰まっています。必修科目は、ファイナンス、会計学、マーケティング、サプライチェーンマネジメント、リーダーシップ、組織行動といった、ビジネススクールで一般的に学ぶ内容です。私自身、中学時代からずっと勉強には真剣に取り組んできましたが、このときには、それこそ「生まれてこのかた、こんなに勉強したことはない」というくらい勉強したと思います。

1年目の最終学期（春学期）くらいから2年目にかけてはいろいろな科目を自由に選択できます。その根底には、個人を尊重する文化があると感じました。ですから、科目の履修に関しても、学校からルールとか枠をはめてしまうのではなく、個人を尊重し、一人ひとりの選択に委ねるという考え方です。

ビジネススクールの科目だけが卒業単位になるわけではなくて、他の学部の単位とも互換性があります。もちろん、他学部の学生がビジネススクールの授業を取ることもあります。ビジネススクールの場合、2年間で百数十単位を取る必要がありますが、そのうちの十数単位は他学部で取っても卒業単位として認められるのです。そのあたりの選択もかなり自由度が高いのです。

スタンフォード大学の敷地は３０００ヘクタール（東京ドーム７１０個分）以上と広大ですが、その中の歩いていける範囲にビジネススクールをはじめ、各学部が点在しています。ですから、学部間の交流も便利です。私も1年目の最終学期から、エンジニアリングスクール（工学部・大学院）の授業や、デザインスクール（Institute of Design at Stanford、通称 d.school）の授業を自由に選択していました。

このデザインスクールの授業については第4章で詳しくお話しますが、先に紹介した7つのスクール（学部）とは別に、学位を発行しない独立機関として位置づけられています。そのコンセプトは「a hub for innovators at Stanford」というもの。要は、各学部からイノベーションを起こそうとする人々が集まるようにと考えられているので、どの学部の学生も授業が取れるようになっています。

〝異質な〟者同士が集まってこそ生まれるイノベーション

スタンフォード大学のオープンな雰囲気は、イノベーションを起こそう、新しいことを生み出していこうという学校の精神を土台にして出来上がっているものです。同じような思考や能力を持った人間が固まっていたって、結局は大きなことは何もできないし、イノベーションは起こせないというわけです。ですから、まったく違う思考や能力を持っている人間同士が関われるような仕組みが、校内のいろいろなところで整備されています。違う人間が集まってこそ、シナジー効果が生まれると考えています。

履修単位について他学部との互換性を持たせているのも、デザインスクールの存在も、みんなそういう考え方に端を発しているのです。

たとえば、ビジネススクールには、経営や起業を専門分野に持っている学生が集まっています。その学生が、起業についての知識をまったく持っていなかったエンジニアリングスクールの技術者出身の学生やエデュケーションスクール（教育学大学院）の元教員の学生とデザインスクールで出会い、モノづくりの事業や教育系の事業を新しく起こすというような環境があるわけです。ここが、スタンフォード大学のユニークな点の1つでもあります。

スタンフォードが成績を公開しない理由

「得意・不得意」よりも、「学びたい」気持ちを優先

ビジネススクールで学んでいる以上、学生たちにとってこれから自分はどんな仕事をするのかが大きな関心事です。サマーインターンシップのプログラムにも積極的に参加しますし、2年になったら就職活動もします。その際、関心を持っている企業、入りたい企業に自分の成績を持って行くのが普通だと思います。企業ももちろん、成績のいい人を採用したいので成績を採用の判断材料と考えるのが普通です。

ところがスタンフォード・ビジネススクールでは、成績を開示しないという norm（規範、基準）があります。norm とは、わかりやすく言えば、学生間の協定です。ですので、

学校が強制しているルールというわけではありません。そのため、本人には知らせますが、そこでおしまい。学校と本人だけが知っていて、それ以上は誰にも開示しません。

実はここにも、スタンフォードらしさが色濃く現れています。

もし、成績を開示していたとしましょう。サマーインターンシップや卒業後の就職を有利にしたければ、少しでもいい成績を取っておきたい。そういう計算が働くのは当然です。その結果、学生が履修科目を選択する際に、自分の得意・不得意を基準にして決めることになってしまいます。得意な科目を取っておけば、それだけいい成績を取りやすいはずだからです。

これは、スタンフォード大学の精神に照らすと、本質的ではないのです。本来、もっと自分が何をやりたいのかを優先するべきです。得意だから選択するのではなく、それを学びたいから選択するほうが学生自身のためになる。それが、スタンフォードの精神なのです。成績を開示しない理由も、この精神に根ざしています。

たとえば当時の私の場合、投資銀行業務や企業再生業務を経て入学していますから、バックグラウンドとなる分野は金融でした。ですから、できるだけいい成績を取っておきたいと思ったら、金融分野の科目ばかりを選んで履修することになるわけです。

これでは好きな科目を選ぶことができない。成績のことを気にせず、もっと自由に、自分が好きな授業を取って、学びたいことを学びなさい。それこそがスタンフォード大学のスタンスです。

先に説明したとおり、1年目の最初の2学期にブートキャンプ並みに必修科目の授業が詰め込まれていて、その分、自由な科目を履修できる時間がたっぷりあることも、他学部の科目が卒業単位として認められることも、みんな成績を開示しないというルールと深く関係しているのです。

〝入札〟方式で履修する超人気授業

もちろん、人気のある授業は定員数を学生同士で取り合うことになりますが、このあたりの制度についても、スタンフォードでは限りなくフェアになるようにしてあります。選択科目の履修についてはビッド（入札）方式が採用されているのです。

学生はそれぞれが、自分の取りたい授業に優先順位の高いほうから1、2、3…という具合に番号を振って、それを学校に提出します。仮に「A」という科目に私が1番を振り、別の学生が2番を振っていたとしたら、優先順位を高くつけていた私がその授業を取る権利をもらえるということです。まさに入札と同じような仕組みです。

このビッド方式に入る前に、1年間に2つまで、絶対取りたい授業を先に選ぶことができる制度が「スーパーラウンド」です。特に人気が高い授業を是が非でも取りたいなら、スーパーラウンドで与えられる権利を1つに減らして、残り1つについての優先順位をさらに高くすることもできるのですが、これは「ラウンドゼロ」と呼ばれています。

「この授業は何番目以上のビッドにしておかないと席が埋まって履修できない」といったデータが、過去何年かの統計からすべてわかるようになっています。ですから学生たちはデータを分析し、同級生同士でミーティングを開いてディスカッションしながら、履修に関する戦略を立てるわけです。

私も、グーグルの元CEOであるエリック・シュミット氏の担当していた授業「アントレプレナーシップ・アンド・ベンチャーキャピタル」、およびビジネススクールの名物授業の1つで自らも起業家として成功しており、また現在アメリカのLCC（格安航空会社）ジェットブルー航空の会長を務めるジョエル・ピーターソン氏が教える「マネージング・グローイング・エンタープライズ」の2つは、スーパーラウンドを使って取りました。それほど魅力的だったのです。

〝起業する〟ことが最大の価値

入学式で95％が起業したいと答える

スタンフォードでの初日、入学式については先にも少しお話ししましたが、改めてここでお話ししたいと思います。というのも、私自身が入学する前には、「スタンフォードのビジネススクールって、起業家や新しいビジネスの準備をしている人が多いんだろうなあ」と何となく想像していて、それが当たっていた点もあり、はずれていた点もあったと感じたからです。

まず入学式の時に、私たち新入生にこういう質問が投げかけられました。

「この中で将来起業家になりたい人は、どれくらいいますか？」

私は当時まだ、それほど明確に起業の意思を持っていなかったので、手を挙げませんでした。しかし周りを見渡すと、なんと95％くらいの学生が手を挙げていたのです。何か圧倒されたのを覚えています。私自身、起業にけっして興味がなかったわけではありませんが、勢いよく手を挙げるという気にもなれなかったのは確かです。その95％の人たちには、勢いというか、前のめりな感じというのがあって、純粋に「この学校、すごいなあ」と思いました。

金融機関やコンサルティング会社のキャリアは尊敬されない

入学式の後には、新入生歓迎会をはじめ、さまざまなイベントが私たちを待っています。そこで初めて、自分のクラスメイトたちと対面することになります。どの人もみんな初対面ですから、たいていこんなことを互いに質問したり教え合います。

「あなた名前は？」

「どこから来たの？」

「ビジネススクールに入る前は、何をしていたの？」

日本の感覚だと、マッキンゼーのような有名なコンサルティング会社や、ゴールドマ

ビジネススクール同学年のクラスメートたち

１年目、クラスメートたちと一緒にブラジル・リオに旅行

ン・サックスのような世界有数の投資銀行にいた経験があると言うのが、正統派エリートキャリアであり、最もプレミアムが高くて、みんなの注目を浴びると考えるのではないかと思います。

ところがスタンフォードでは残念なことに、それはまったくプレミアムにはならないのです。

「僕、以前はこういうコンサルティング会社にいたんだ」

「ふうん、そう」

話はそこで終わってしまいます。それ以上、誰も質問したりはしません。興味を持たれないのです。そんなのは彼らにとって、エリートキャリアでも何でもないのです。

一方、「起業していたんだ」と言おうものなら、みんながそこに食い付いてきます。

「え？　起業？　何をしていたの？」

「起業だって？　すごいね！」

「どんなビジネス？　もっと聞かせて！」

〝元・起業家〟は、たちまち人々の輪の中心へと押し出されて、やつぎばやに質問を浴びせかけられます。

それがスタンフォードなのです。「起業したい人は？」と訊かれて、ほとんどの人間が「はい、私です」とばかりに勢いよく手を挙げる。「起業していた」という同級生がいれば、みんながワッと話を聞きに寄ってくる。そこにいるみんなが、当たり前のように起業家に憧れ、起業家に注目している。これこそがスタンフォードのビジネススクールのカルチャーです。

ある意味では、「起業家が多いんだろう」という私の想像に反して、まだ起業していない同級生のほうが圧倒的に多かったわけです。一方で、起業家に憧れ、いつか起業してやろうという高いマインドを持っているという点では、期待どおりだったとも言えます。

私自身は、起業に興味こそあれ、周りの同級生に比べればそれほどの意欲を燃やしてはいませんでしたが、やはりスタンフォード在学中の2年間で徐々に意識が変わっていきました。その発端となったのは、間違いなくあの初日の、同級生たちが起業に対して示した熱意、熱気だったと思います。

スタンフォードで知り合ったセレブや天才たち

財閥の御曹司や首相の子息と席を並べる

スタンフォード大学のビジネススクールは、1学年の人数が400名以下と少ないのが特徴です。初日の入学式や新入生歓迎会でそのうちの大半の人たちとは話をしますし、授業が始まればだいたいみんなの顔がわかるようになってきます。

その中には、世界のセレブと呼ばれている人たちが何人もいることも、だんだんにわかってきます。

「あいつは韓国の財閥の御曹司なんだって」

「あの人はヨーロッパの某国首相の息子だよ」

そうした噂が、次々と耳に飛び込んでくるからです。こんなことは、前の2回の留学では経験したことがありませんでした。

スタンフォード大学には「シュワブ」と呼ばれる独身寮があります。1学年約400名のうち、200名ほどがそこに入って留学生活を始めます。

シュワブの部屋は2人1組。ルームメイトは大学側が選びますが、名簿で機械的に組み合せたりはしません。個人を尊重するスタンフォードらしく、学生にあらかじめアンケートを取ってくれます。

このアンケートの中身は、実に50項目にも及びます。たとえば好きな音楽は何か、週に何回友人を呼んでパーティーを開きたいか、彼女を泊めるのはOKか、毎日何時頃就寝するかなど、生活スタイルの詳細を訊ねる項目がずらりと並んでいるのです。学生はその一つひとつに回答し、学校側はその回答に基づいて嗜好や価値観がマッチしている学生同士をルームメイトとしてアサインしてくれるというわけです。

私のルームメイトになったのは、アメリカ人でした。私は早朝から活動を開始する朝型の生活スタイルを希望していたのですが、実際、彼はその私の希望にぴったり合致していました。彼はトライアスロンの選手で、毎朝早朝5時くらいから、トレーニングを始めるのです。アスリートとして優秀な人物でしたが、同時にビジネスパーソンとしても相当なやり手で、バーバード大学を卒業した後、米系金融機関、ヘッジファンドを経てスタンフォード大学に入学したという経歴の持ち主でした。

セレブが過ごすストイックな学生生活

それから、スタンフォードでの学生生活2年目の春休みのイスラエルへのスタディトリップで一緒だったのが、プロバスケットボールプレーヤー、NBAの元レイカーズの選手だったマーク・マドセンでした。彼とはイスラエルでは、ずっと同室でした。

マーク・マドセンといえば、レイカーズ時代、その端正な顔立ちに似合わず、アグレッシブなプレイをすることで有名で、あだ名は「マッドドッグ」でした。

その彼と、夜寝る前にいろいろな話をするわけです。印象に残っているのは、バスケットボールに対する思いの強さと徹底したプロ意識でした。

「プロのバスケットボール選手だったら、けっこうチヤホヤされるんじゃないの?」

「いや、シーズン中はバスケットに真剣に賭けているから、そんなのはあり得ないよ」

一言であっさり却下されました。

「今夜は飲みに行かないの？」

私のそんな質問にも、まったくぶれません。

「僕はそもそもそんなに酒を飲むのが好きじゃないんだ。特に試合の前は、酒なんか飲まないしね」

だいたいが、スタンフォード大学の同級生たちはみんな真面目です。自分のやりたいこと、やるべきことをきちんとわかっていて、そこに向かって生活しています。

先ほどの噂話に昇っていたあの韓国財閥の御曹司も、何かのイベントに誘ったときにたが、

「いやいや、勉強しなきゃいけないから」と即座に答えていました。彼は英語が片言でしたが、教室ではいつも前の席に座って発言をしていましたし、成績は常に上位10％に入っているという優秀者でした。本来なら、英語が片言なのに成績優秀者に入るなどということはまずあり得ません。彼がどれほど人並み以上に勉強していたかということでもあり、また一方で、スタンフォード大学もまた、英語力に左右されることなく、どれほどフェアにその人の学力を評価するかということがそこで証明されていると感じました。

「世界を変える」「イノベーションを起こす」をたたき込まれる

誰もがそれぞれのアジェンダを持っている

スタンフォード大学の2年間で私はそれこそたくさんのことを学びました。世界最高レベルの授業から学んだことはもちろん一生忘れられませんが、それだけではなくて人から学ぶことも多いのです。

スタンフォードに集まって来る学生たちは、みんながそれぞれ「アジェンダ」を持っています。日本語で表現するなら、自分の人生を賭けて成し遂げたい課題、とでも言えばいいでしょうか。

世の中にはたくさんの問題があります。貧困、ヘルスケア、教育、ビジネス……それこそれぞれのバックボーンを持った学生が、みんな自分の人生を何に賭けて、世の中をどうしたいのかを考えているのが、スタンフォード大学なのです。

私自身はスタンフォード大学に行くまで、キャリアをつくりたいとか自分が成長したいという思いはあっても、どの分野に自分の人生をかけるのか、人生をかけて何を成し遂げたいのか、というようなアジェンダを持っていたとは言えません。それがいつできたのかと言われると、「この時点でできた」というはっきりした答えがあるわけではありませんが、スタンフォード在学中の２年の間に日々できていったと言うのが一番ぴったりくると思っています。

日本人であることを意識する

同じクラスに、自分以外に日本人がいなかったということも大きく影響していました。日本のことが話題に出てきたら、クラスメートたちは日本のことなら何でもかんでも私が知っているかのように質問してくるのです。

例えば、トヨタ自動車のサプライチェーンに関するケーススタディが授業で取り上げられたことがありました。私自身は金融のことはある程度詳しくても、トヨタ自動車のことは詳しくは知りません。それなのに、「トヨタとニッサンはどこが違うのか」「トヨタ自動車はいったいどういう点が他の会社と違って特別なのか。それは生産システムなのか。具体的に生産システムのどの点がすごいのか」などと集中砲火のように質問を浴びるわけです。いくら私が唯一の日本人だからといって、そんな細かいことまでわかるわけないのに。

そうした日常を通して、自分が日本人だというすごく単純なことを、ものすごく考えるようになりました。日本にいると、自分だけではなくて周りにいる人もほとんど日本人ばかりなので、自分が日本人であることを意識したり、それがどういうことかを考えたりする機会なんてないに等しいのですが、そんなことは言っていられませんでした。また、自分は日本人なのに意外と日本のことをあまり知らないなあ、とも反省しました。

周りのクラスメートみんなが強いアジェンダを持っているということと同時に、まるで「日本人＝私」であるかのように自分が日本人であることを突きつけられていたことも、私自身のアジェンダを意識する大きな要因になっていたと思います。

スタンフォード大学の授業で、私が具体的にどんなことを学んだかということについては後で詳しく述べますが、2年間を通して、イノベーションとか、新しいビジネスが生まれる仕組みというのを徹底的に学んだことは間違いありません。そして、これこそが今の日本に欠けていることだと感じました。だからこそ、「日本でイノベーションを起こしていきたい」ということが私自身のアジェンダに深いところで結び付いたのだと思っています。

卒業して日本に帰国しようと思ったのも、帰国後に今のビジネスを始めたのも、みんなそこからスタートしていると言って間違いありません。周りの人と接して、そこからいろいろな形で教わったことが、私自身のアジェンダを創っていき、また、今の私を創っていると思います。

スタンフォード大学では、誰もが毎日、当たり前のように「世界を変える」「イノベーションを起こす」という精神を叩き込まれます。あまりにも当たり前過ぎて、実は私自身も帰国して、周りの日本人の人たちに話して、驚かれたところで初めてそのことに気づいたくらいです。だから本当に、学んでいる学生たちみんなにとって、「世界を変える」ことも、そのために人生を賭けるということも、とても自然なことなのです。私自身のアジェンダが日々創られていったというのも、そういうことなんだと思っています。

自分と他人の違いを肯定するオープンな文化

「イノベーティブ」とは問題を新しい方向で解決すること

私の少年時代の話の中でも触れましたが、日本と大きく違っていたのが、スタンフォード大学の個人を尊重する文化、他人との違いを肯定する文化です。誰もが人と違うことをやりたいと言いますし、周りもそういう人を応援します。

日本の教育では、概して人と違うこと、はずれたことをするのを良しとしません。みんなが同じルールのもとに、同じ行動を取るのが正しいとされています。それを窮屈に思って育ってきた私にとって、スタンフォードの空気は本当に自由に思えました。

そもそもイノベーションというのは、人と同じことをしていても実現できません。授業の中でビジネスプランを創り上げるということを何度も経験しましたが、常に重視されていたのが、イノベーティブであることです。ビジネスというのは、そこで提供されたモノやサービスを使うユーザーが必ずいます。そのユーザーの問題を、何か新しい方向で解決していれば、イノベーティブであると認められました。

「新しい」ということは、つまり「他の人がまだやったことがない」ということです。スタンフォード大学で学ぶ誰もが、他の人が考えついていないこと、他の人とは違うことをいつもやろうとしているのです。みんなが同じ行動を取るなど、それこそ考えられないことでした。

ある著名なベンチャーキャピタリストは授業で、「〝このアイデアいいよね〟とみんなに言われるビジネスアイデアは大して大きなビジネスにはならない。95％の人から〝うまくいかない〟と反対されるようなビジネスを作れ」と教えていたくらいでした。

一生懸命であることを素直に評価してくれる

当然のことながら、他の人とは違うことをやるというのは、常に挑戦です。スタンフォードでは、挑戦する人を温かく見守り、応援する文化というのも根づいていました。

たとえば、私の英語を聞けば、周りの同級生は一瞬でそれが拙いということはわかるわけです。でも、拙いからといって軽んじるようなことはけっしてありません。それはみんなが、重要なのは話の中身、そのクオリティだと思っているからです。

たとえ拙い英語でも、真剣に何かを発信しようとしている人の意見は、みんなが真摯に聞いてくれます。授業中に私が拙い英語で発言して、授業が終わったときに、今まで一度も会話したことのない女の子がいきなり私のところに来てくれて、「あなたのあの意見はすごくよかった」と言ってくれたことがありました。そんなふうに、頑張ったことを素直に評価してくれる、フェアな空気に満ちています。

そこで思ったのは、日本ではどこか人の個性とか、人が頑張っていることなどを素直に認めないところがあるのではないかということです。「すごいな」「いいな」と思うような場面でも、それを素直に口に出してほめるような場面を、日本で見かけることはスタンフォードよりも少なかった気がします。まして、一度も会話したことのない相手に対してそんなことをするなど、ちょっと考えられないと思ったのです。

そういえば最初の学期では、こんなこともありました。授業でいい成績を取るには、手を挙げて教授に指してもらい、発言をしなければなりません。授業中にどんな発言を何回したのかということが、成績に加算されていくのです。

ところが、１クラス70名くらいいるような授業では、一生懸命手を挙げていても、なかなか指してはもらえません。指してもらえなければ発言もできないし、いい成績を取ることも不可能です。仕方がないので、とにかくチャンスがあればずっと手を挙げていて、何を発言するかは指されてから考えるというようなこともしょっちゅうありました。

そんなふうに私があまりにも苦労しているのを見て取って、隣りの席に座っている女の子が助けてくれました。一緒に手を挙げてくれたのです。「これはタッド（当時の私の愛称）の分だからね。もし私が指されたら、タッドが答えればいいから」と言って。２人で手を挙げていれば、指してもらえる率も2倍になるという理屈です。

人の個性は最大限尊重する。いいところは素直に認め、評価する。頑張っていることが伝われば、さり気なく助けてくれたり、応援してくれたりする。学生たちだけでなく、スタンフォードのコミュニティ全体の空気がそういうふうでした。そのことが、私をずいぶんと勇気づけてくれましたし、私にとって大きな自信にもなりました。

パーティーで互いをもっとよく知り合う文化

大学もパーティー費用を補助してくれる

前にも入学式当日の同級生との交流について話しましたが、パーティーは知らない人同士が知り合ったり、互いのことを理解したりするために大事な場でした。スタンフォード大学では、人と知り合うため、仲良くなるためにパーティーを催すという文化も根づいていました。人と人とが出会い、シナジー効果を生むということを誰もが重視していたので、学校も、学生たちのホームパーティーとかスモールグループディナー（少人数での夕食会）などを補助するために、お金を出してくれるほどです。

ですから、授業はとてもハードですが、シュワブ（独身寮）では毎日のようにどこかの部屋でパーティーが開かれていました。最初の頃こそ、必修科目でスケジュールがぎっしり埋まっていましたし、朝から晩まで勉強に追われていたこともあり、私自身はあまりパーティーに顔を出すことがありませんでしたが、２年目にはそうした機会もなるべく作るようになりました。

パーティーの場でも話題の中心はビジネス

パーティー好きと言えば、スタンフォードの学生は賑やかに遊ぶことがけっして嫌いなわけじゃないという側面を表しているととらえることもできますが、一概にそうとばかりも言えません。

というのも、パーティーでお酒を飲んでいても、日本とは違ってどうでもいいような話はけっしてしないからです。たとえば「あの子、かわいいよね」というような話題はあまり出てこないのです。ただ上辺だけの会話を交わして、そのときだけ楽しく過ごしていたというわけでもありませんでした。

「いま、ビジネスを立ち上げようとしているんだ」

「そうなの？　何をやっているの？」

そこで、ビジネスの内容を話したとしたら、相手から即座に質問が返ってきます。

「それにはどういうチャンスがあるの？」

会話といえば、毎日そんなふうです。

たとえば誰かがパーティーに遅れてきたとします。

「何をやってたの？」

「今、ベンチャーキャピタルのところに行っていたんだ。1億円の出資を取りつけてきたよ。このビジネスは1000億円規模のポテンシャルがあるからね」

そういう会話が飛び交うのです。

私自身も時折、パーティーを主催していました。日本の料理レシピ投稿サイト「クックパッド」を見て、それを参考に自分の部屋で日本の料理を作って、来てくれた人たちにふるまったりもしました。参加してくれたのはビジネススクールのクラスメートが中心でしたが、デザインスクールの授業を取っている間は、そこで知り合った友人を誘ったこともちろんあります。

教授を招いてのパーティーというのもあって、やはりいろいろと考えを話したり聞いたりする機会になっていました。教授の部屋にはよく質問に行きましたが、こうしたパーティーでの会話からもずいぶんと教えられたことがあります。

パーティーの場でも、授業とまったく同じで、クオリティの高い会話ができなければ、次からは自分の話を誰も聞いてくれなくなります。この前のページで、英語が拙くてもみんなが真摯に話を聞いてくれるということを言いましたが、それは、話の中身のクオリティが、聞くに値するからということなのです。逆に、聞くだけ無駄なクオリティの低い話をしていたら、誰にも相手にされません。

パーティーでは人と積極的に話し、仲間を作らなければせっかくの場をまったく活かせないことになります。そこでいい影響を与えてくれる仲間を作りたければ、まずは自分が価値ある人間になることです。その点に関しては、ジャッジがとても厳しい世界だと日々感じていました。

サバイバルゲームだった初学期

ビジネススクールの授業の核はケーススタディ

ビジネススクールの授業の多くは、ケーススタディです。実際に企業が、あるいは経営者がどういう判断をし、どう行動したか。その結果、どうなったか。社会にどういう影響を与えたか。そうしたことを具体的に検証していくのです。

スタンフォード大学に留学した当初、私の毎日はケーススタディとの格闘だったと言っても過言ではありません。

授業が終わるのは日によって違うものの、だいたい夕方の6時頃です。それから夕食を摂り、8時頃から勉強を始めます。1つのケーススタディに取り組むのに最低2時間はかかります。１日だいたい３つは片づけなければなりませんから、合計で６時間です。

２度目のアメリカ留学、インディアナ大学大学院で学んでいた頃に比べればかなり英語の力がついていたとはいえ、まだまだ拙いものでした。さらに、授業では発言や質問のクオリティこそが勝負です。クオリティが低ければ成績に響くだけでなく、クラスメートから授業でグループを組む際に仲間に入れてもらいにくくなる可能性もあります。誰だってお荷物を背負いたくはないでしょうから。

授業の評価の１つは発言や質問の多さ

さらには、スタンフォード大学には「警告」という制度がありました。「あなたの成績順は現在、下から○％の位置で、このままでは危険ですよ」という告知が大学から届くのです。入学して最初の秋学期、その半ばくらいに私は早くもその「警告」を受け取る羽目になりました。

そこでそれまで以上に授業で発言や質問をするようにしました。隣りの席の女の子が、「タッドの分」と言って一緒に手を挙げてくれたのも、ちょうどこの頃の話です。

授業の前の晩、寮の自室でケーススタディに取り組む際には、あらかじめ授業の流れをシミュレーションし、想定される発言や質問をいくつか考えて準備しておくようになりました。たとえ1つ目に準備した質問を別の学生に先に言われてしまったとしても、2つ目、3つ目で勝負できるようにと考えたわけです。

そんな具合で、1年目はずいぶんとしんどい思いをしました。ただ、どこかで最後はなんとかなるだろうと思っていたのも事実です。というのも前にもお話したように、私には成績の推移に一定のクセがあって、中学時代も、高校時代も、前の留学のときも、最初はクラスで下から数えたほうが早いくらいの成績しか取れていなくても、必ず成績を上げて、最後には上位何%かに入れるという実績がこれまでもあったからです。勉強したらしただけ、必ず結果になって返ってくるはずだという思いが、頭のどこかにありました。だからこそ、成績が伸びず苦しい時期も辛抱強く、日々勉強に取り組みました。そして、2年目には実際に成績も上がってきました。

話を戻しますと、ふだんの授業ではこれほど手一杯だったにも関わらず、英語の勉強も本格的に始めました。やはり自分の英語力では、まだまだスタンフォードの学生としては通用しないと考えたからです。

これまでも何度か話したとおり、周りが評価するのは英語がどれだけ流暢かではなく、あくまでも発言の内容、クオリティではありましたが、やはり自分の発音が悪くて何度か聞き返されたりするのは不快なものです。アメリカで認められるには、やはりより質の高い英語を話すに越したことはないと思える場面にも何度か会いました。

そこで毎週土曜日の朝がんばって早く起きて、発音専門のトレーナーに、正しい英語の発音を習うことにしたのです。

１年目は、とにかく勉強、勉強の毎日でした。それこそ朝から晩まで、ひたすら勉強をしていました。歩きながら、食べながら、とにかく時間を見つけては、勉強です。

余談ですが、途中で大学を辞めていくクラスメートも何人かいました。毎年必ず、何人かは辞めてしまうようです。スタンフォード大学では留年して、同じ学年をもう一度繰り返すということが原則として許されていません。ですから落第したらそこでおしまいなのです。成績が悪くて落第する人もいますし、病気や様々な事情でそれ以上、学生生活を続けられなくなる人もいます。誰にとっても、それほど厳しいサバイバルだということです。

学内選挙に出馬、タイブレイクで破れる

スタンフォードで実感した日本の地位の低下

スタンフォード大学で最初の秋学期も終わった頃、私が感じたことがありました。それは日本に対する評価が格段に落ちてきているということです。

2度目の留学、インディアナ大学在学中には、日本経済は低迷していたものの、まだまだ日本に対する強い関心がクラスメートにあったように思います。ところがスタンフォード大学に来てみると、クラスメートの関心は中国やインド、ベトナム、インドネシア、フィリピン、ブラジルなどの新興国へとすでに移っていました。「経済大国日本」という評価は、過去の栄光にすぎなくなっていたのです。

こうした中で、日本人として何か強いメッセージを発信したいという気持ちが私の中にムクムクと湧き上がってきました。そこで、アジア人学生会の会長選挙に立候補することを決意したのです。日本に対する評価がここまで落ちてしまったことを受けて、アジア人学生会で自分が日本人として、周りの学生たちに何らかのインパクトを与えたいという思いからの出馬でした。

スタンフォード大学には、大学が公式に認めた学生会がいくつか存在しています。その中の１つがアジア人学生会です。学生会の中では比較的大きな組織です。

その会長に立候補するためには、立候補者本人を中心にした、数人のチームを結成する必要がありました。そこで私が声をかけたのが、クラスメートの韓国人や中国人でした。

私たちの対抗馬となったのが、アジア系アメリカ人のチームです。彼らはパーティーにもよく顔を出していたこともあり、学内ではよく知られた存在でした。

一方の私はと言えば、パーティーでもそれほど目立った存在ではありませんでしたし、何より自分のペースで学生生活を送ってきていて、みんなから好かれようとか、うまくコミュニケーションをとろうということにはまったく無頓着だったのです。

落選から学んだ貴重な経験

しかし、選挙に出馬した以上は何としても勝たなくてはなりません。チームを組んだ友人たちも、私を勝たせるためにいろいろとアイデアを出し合い、助言してくれました。

まずは自分の考えを投票者たちに知らせるために、マニュフェストを掲げる必要があります。そこでアジア人同士の結束を固めたいこと、そのためにはどんな問題点があり、解決するために自分が何をするかということをまとめました。

たとえばスタンフォード大学には「トーク（talk）」という活動があります。週に1度、学生寮の集会所に学生たちが集まり、1人30分間のフリートークと30分間の質疑応答で各自のこれまでの人生を話すというものです。ここではアメリカ、ヨーロッパの学生が中心になっていて、アジア人の学生が話すのは稀でした。そこで私は、「トークアジア」をアジア人が集まって独自に始めようと提案したのです。

その他にも、アジア人同士の文化交流、互いの国の料理を教え合う活動などをマニフェストに盛り込みました。

そこからいよいよ本格的に選挙活動を始めたのですが、昼休みに食堂に行って、見ず知らずの学生たちに笑顔で話しかけたり、一人ひとりに電話をかけて投票を依頼するなど、今まで自分では考えられないことを毎日していました。しかし、それには違和感ばかりが募ったのです。

最終的な投票結果はなんと同数で、タイブレイクとなりました。相手チームのメンバーのほうが、私たちのチームのメンバーを数で上回っていて、その分の票数を加算したところで、結果的に私たちの負けとなりました。

悔しい経験になりましたが、選挙活動は私にとって貴重な経験でした。とりわけ、人間関係の構築に関する教訓を得られたことが大きかったと思います。いきなり「立候補するから投票してください」と言っても、簡単には人間関係を築くことはできません。人を動かす必要があるなら、そのための準備を積み重ねていかなければならないのだということを十分学びました。

大学が給料を補助するサマーインターンシップ

お金がないという理由でやりたいことをあきらめるな

スタンフォード大学の1年目と2年目の間には、約3カ月の長い夏休みがあります。ほとんどの学生は、ここでサマーインターンシップのプログラムに取り組みます。

私は夏休みの後半、中国の北京に行って、レンレン（Renren）という名前のニューヨーク証券取引所にも上場しているインターネット企業で仕事をしました。このインターンシップ先は、学校が探してきてくれたものです。これがスタンフォードらしいところなのですが、学校は「学生たちがなるべく海外経験をするべきだ」と考えているのです。そこで、海外でユニークな経験を積めるように、インターンシップ先の情報を学生向けのウェブサイトにアップしてくれます。

私が中国でインターンシップをしていた当時のレンレンは上場前で日々急成長を続けていました。そのようなエキサイティングな環境での経験は起業した今でも役に立っています。

スタンフォードの卒業生は、世界中に散らばって起業しています。前記した中国のレンレンも、卒業生が作った企業でした。ほかにも、普通に考えたら簡単には経験できないいろいろな国の企業が、ウェブサイトに載っていました。

夏休みの前半は、シリコンバレーのスタートアップ企業、やはりスタンフォードの卒業生が立ち上げた企業をインターンシップ先に選びました。

できて数年しか経っていないベンチャー企業ですが、給料はちゃんと支給されます。８週間以上インターンシップで働けば、学生は週１２００ドル程度を受け取れます。そのうちの一部を学校が補助してくれるというわけです。

スタンフォードには「お金がないからという理由でやりたいことをあきらめるな」という気風があります。ですから人を雇いたいけれど給料を払えないベンチャー企業に対して、ビジネススクールの中にあるアントレプレナーズセンターが補助金を出すという仕組みができています。ベンチャー企業は、このセンターに対して「こういう学生インターンが欲しい」と申請すればいいのです。

やりたいことをやれる環境を整えるということにかけては、スタンフォードは実に行き届いています。たとえば卒業後にNPO法人に就職したいという学生がいたとします。私費留学で借金がある場合、給料の比較的安いNPO法人への就職という選択肢はなかなかとれません。スタンフォード・ビジネススクールはそのような学生に対し、いくつかの条件を満たせば、学費のためにその人が学校に対して作った借金を減額してくれるという制度があるのです。卒業生が好きなことをやるために、学校はフォローを惜しみません。

このほか、学費が足りない学生に対して、奨学金を出してくれる卒業生を学校が募り、マッチングもしてくれます。私自身もある卒業生に学費の一部を奨学金という形で出してもらいました。その人は、シリコンバレーに住んでいるおじいさんです。「このたびは奨学金をいただき、本当にありがとうございました」と私が手紙を書いたら自宅に招いてくれました。それがきっかけとなり、今でも交流が続いています。

スタンフォード大学というのはコミュニティと強くつながっていて、卒業生は在学中に、コミュニティの恩恵を何かしら受けています。ですから卒業生にも、コミュニティに恩返しをしたいという気持ちがあって、学生に奨学金を出してくれる篤志家が少なからずいるのです。

ハングリー精神の固まりであるアジアの留学生

ところで、私費で来ている留学生にとっては、よほどのバックボーンがない限り、スタンフォード大学の高い学費のことは心配の種です。新入生向けの説明会でも、実際によく質問が出ます。「お金がない場合には、どうすればいいのですか」と。

学校側の答えはこうです。「それは問題ない。あなたにやる気さえあれば、これくらいの借金をすればいい」。学校としてもサポートする体制はある。実際に、学校側にはいくつものサポート体制が用意されていて、学生はそれを利用できる仕組みがちゃんとあるのです。

中国やインドから私費留学で来ている学生の中には、多額の負債を抱えて出てきている人も多いのです。この人たちを見ていると、すさまじいハングリー精神があります。卒業して祖国に帰っても、アメリカと比べて給料が安いからいくら働いても借金は返せない。だからアメリカンドリームを求めてスタンフォードに来て、卒業後もアメリカで仕事を探すのです。日本人は帰国して働いてもそれなりの給料をもらえますが、彼らは返すあてのない借金を抱えたまま祖国に帰って働くことはできません。それだけ必死です。

話が横道にそれましたが、要するに学生でも、卒業生でも、お金に不自由しているせいでやりたいことを自由にできないというのは、スタンフォードの精神に反するのです。ですから学校側も、そうした障害を取り除くためのフォローを、それこそ最大限考えてくれています。ありがたくもユニークな風土です。

スタディトリップで気づいた、起業家王国イスラエル

起業家の数はアメリカに次ぐ世界第２位

２年目の春休みには、私はスタディトリップでクラスメートたちとイスラエルに行きました。スタディトリップというのはスタンフォード大学独自のカリキュラムで、外国の企業や政治家、その他影響力のある人を訪問する２週間の研修旅行が組まれます。私たちも、イスラエルの首相や、シリコンバレーに本拠地を置く電気自動車のインフラを創っている企業「ベタープレイス」の創業者、シャイ・アガシ氏などそうそうたる著名人に会いに行きました。

スタンフォード大学には、それこそ世界中から優秀な留学生がやってきます。留学生は

みんな海外から集まってきていますが、全体の大半を占めるアメリカ人学生にとってはあくまで自国の大学です。ここで学び、アメリカで就職をしてしまうと、なかなか海外に出る機会がないという人も多いのです。そこで、少しでも海外経験を積むようにと、こうしたカリキュラムが用意されているのです。

イスラエルというと、日本では中東問題で周辺諸国との争いが絶えない国という印象が強いと思います。しかし実は起業家大国という横顔も持っているのです。日本では男の子の夢と言えば、サッカー選手をはじめとするスポーツ選手が圧倒的に支持されていますが、イスラエルの場合は男の子の一番の夢は何と言っても起業家です。

イスラエルの人口は、わずか700万人程度。それなのに起業家の数では、アメリカに次いで世界第2位です。世界的に有名なベンチャーキャピタルの多くが、イスラエルにオフィスを構えています。海外でMBAを取得し、イスラエルに帰国して起業する人もたくさんいるので、激しい競争が繰り広げられています。

私がこのイスラエル滞在中に「すごいな」と思ったのは、この国の企業経営者たちが、常に海外市場に目を向けているという点です。

日本企業の場合、これだけグローバル化と言われていても、日本国内に1億2000万

イスラエルにスタディトリップ。右から2人目がマーク・マドセン

人もの消費者がいるマーケットを抱えているので、国内だけの事業展開というのも成り立ちます。

ところが、人口700万人のイスラエルではそうはいきません。たとえば何か新しい商品やサービスを立ち上げるにしても、国内でできるのはβ《ベータ》テスト（※注　開発中のソフトウエアやネットサービスの正式公開の前の版をユーザーに提供し、実際に使用してもらって、性能などを評価してもらうテスト）くらいで、本リリースはやはり海外で……ということになるのは必至。そのため、世界中のマーケットの動向を常にウォッチしておくことが不可欠なのです。そこが日本と大きく違うところです。

自分の価値観を貫くこと

ところで「さすが、お国柄」だと思ったのは、このスタディトリップの間にも、自分たちが滞在していた宿舎近くのバス停で、爆弾テロがありました。やはり、紛争にさらされることの多い、危険な国であることは間違いありません。

その後、みんなでミーティングを開いたときに、仲間の1人がイスラエル人の女の子に、「君はこんな危ない国に住んでいて、身の危険は感じないのか？　恐くないのか？」と質問しました。「それは違う」というのが、彼女の答えでした。

「ここがイスラエル人にとっては最も安全な場所なのよ。周りを気にせずに、自分の思想、自分の考え方、自分の価値観を貫けるのは、世界中でやはりここしかないんだもの。爆弾テロから逃げることより、自分たちの価値観に沿って生きられる場所を選ぶことのほうが重要だと思っているわ」。

彼女の発言を聞いて、すごく新鮮に感じたことを覚えています。日本人として日本に住んでいると、宗教のこととか、それに根ざした価値観、考え方を貫くということを改めて考える場面はなかなかありません。だから、「そういう考え方もあるんだな」というのが、そのときの私の率直な感想でした。

彼女は自分自身の言葉を証明するように、卒業後はイスラエルに帰国して、今はそこでベンチャー投資の仕事をしています。スタンフォードで学んだことを、起業家王国でみごとに活かしているというわけです。あの時のスタディトリップの光景や、彼女のことを思い出すたびに、今でも複雑な思いが胸に去来します。

スタンフォードを支えるコミュニティ

強い卒業生との結びつき

スタンフォード大学というのは、コミュニティとの独特の結び付きを持っています。シリコンバレーの中心にあるという立地が、大きく関わっているのです。

大学自体がオープンで、シリコンバレーのベンチャー企業の経営者が学内を歩いている姿をよく目にします。あのスティーブ・ジョブズは、スタンフォード大学の卒業式でのスピーチが有名になりましたが、彼自身はスタンフォード出身ではありません。ただ、昔からキャンパスにはよく出没していたそうで、彼は奥さんが当時ビジネススクールの学生として在学中だったときにキャンパスで出会ったという話は有名です。

先に、学校側が卒業生の中から、在学中の学生に対する奨学金の出資者を募るという話をしましたが、卒業生がコミュニティに恩義を感じて恩返しをするのは、何もお金という形だけではありません。

ビジネススクールのさまざまな授業には、実にいろいろな卒業生が来て、学生たちのためにリアルな話をしてくれます。授業に取り上げられる企業や経営者のケーススタディでは、経営者本人がやって来て自ら話を聞かせてくれるということが普通に行われているのです。そうした人たちは、たいてい授業を担当している教授のコネで来てくれるのです。

経営者といっても、成功した経営者ばかりではありません。失敗した経営者本人が来て、どんなふうに、そしてなぜ失敗したかも話してくれます。

そもそもスタンフォード大学では、「失敗を恐れるな」ということを繰り返し教えられます。日本にいると、失敗とは致命的なことという感覚になりますが、スタンフォードでは誰もそうは思いません。失敗も貴重な経験なのです。小さな失敗よりはむしろ、大きな失敗のほうが自慢できるとすら思っています。だからこそ「何十億円の負債を出した」ということも平気で口に出します。

スタンフォードでは、一度失敗した人間に対して、同じ投資家が再び投資するという例まであります。起業家と話していても、リスクについては話題にも昇りません。まず、起業そのものがクールなことだという感覚ですし、たとえ失敗したとしてももう1回チャレンジできる環境があります。だから「会社をつぶした」という人の話をみんなが聞きたがったり、失敗を互いに自慢し合うような文化も育っているのだと思います。

シリコンバレーとともに形成されるコミュニティ

少し話がそれましたが、授業に来てくれる著名人は、スタンフォードの卒業生ばかりとは限りません。卒業生がほとんどではありますが、中にはスタンフォード出身ではない人もいます。たとえばプレゼンテーションの授業では、プログラムの中にスピーチの技術というのがありましたが、このときはNBCベイエリアニュースのダイアンという著名なニュースキャスターがゲストで来てくれました。彼女はスタンフォード出身ではなく、カリフォルニア大学バークレー校出身です。ただ、シリコンバレー周辺に住んでいました。そんなふうに、コミュニティに属しているという理由で来て、学生に直接教えてくれるというのは、スタンフォードならではだと感じました。

私が卒業する直前、スタンフォード大学の新校舎が完成しました。2011年の春学期から実際に使われています。この校舎新築に噂では３億４５００万ドル（日本円で約２９０億円）ほどかかっていると言われているのですが、その半分近くはナイキの創業者フィル・ナイトが寄付しています。彼もスタンフォードでＭＢＡを取得しています。残りについても、ほとんどが卒業生とかコミュニティの起業家の寄付によってまかなわれているのです。なぜこれだけの寄付が集まるのかと言うと、コミュニティに対する感謝の気持ちがそれだけみんなにあるということに尽きると思います。

コミュニティとしては、将来のためにスタンフォード大学からリーダーを生み出そうという思いがあるわけです。その恩恵を受けて育ったスタンフォード出身の経営者には、自分が成功したらコミュニティに恩返しをしようという考え方が自然にできていくのです。それがうまくかみ合い、機能して、今のような協力の精神ができあがっているのだと思っています。

スタンフォード卒業生の進路選択

95％が手を上げても実際に起業するのは10％

入学式当日「この中で起業したい人は？」と聞かれて、それこそ95％くらい、ほとんどの新入生が勢いよく手を挙げます。みんながアントレプレナーを目指し、希望に燃えてスタンフォード大学のビジネススクールに入学してくるのです。

大学の授業でも、いかに起業するか、いかにイノベーションを起こすかということを、2年間かけてじっくりと学びます。事業や会社を起こすことはもちろん、失敗してそれをつぶしてしまうことすら、何ら特別なことではないという意識を植え付けられるようにもなります。

在学中にビジネスを始める学生も、私の周りにはたくさんいました。卒業後はさぞかしたくさんの人が起業するのだろうと思われることでしょう。

ところが実際は、起業する人は案外少ないのです。在学中から、あるいは卒業後すぐに起業する人は10％程度ですし、卒業して25年以内に自分をアントレプレナーとして分類している人は、卒業生全体の25％に過ぎないというデータもあります。実にわずか４分の１です。

それでは、多くの卒業生はその後の人生をどう過ごすのかと言えば、たいていは企業のマネジメント職に就き、高い給料を保証されて一生を送ります。彼らの多くは、結局アントレプレナーにはならずに人生を終えていくのです。

お金を稼ぎたければ、起業家にはなるな。これは私がスタンフォード大学在学中に言われたことです。スタンフォードでＭＢＡを取得すれば、高い給料で雇おうという企業がたくさん出てきます。一方で、起業したとしてもベンチャー起業ではなかなか給料が上がりませんし、創業者利益のメインはキャピタルゲインですから、すぐに結果となって現れてくるものではありません。お金を稼ぐことを目指したいなら、起業するということは必ずしも効率がいいとは言えないというわけです。

「世界を変える」とは世の中の問題を解決すること

スタンフォードでは、ストイックにキャリアを追求し、成功を勝ち取るというイメージより、自分のライフスタイルや価値観に重きを置いているというイメージが強いように感じました。私自身の考え方もまた、在学中に変わっていきました。

以前なら、まず「キャリアを追求していきたい」と考え、「それを実現したら生活はこうなる」という順番で物事を考えていたと思います。それがいつしか、「自分は将来、こういうライフスタイルでありたい」「そのために今からこういう仕事をしておくべきだ」という順番、つまりライフスタイルや価値観が最初に来て、そこから逆算して仕事を選ぶという考え方になっていきました。自分の価値観を犠牲にして仕事を選んでも、ストレスフルでリスクが高いだけだということに気づいたのです。

スタンフォードに行って私が目にしたのは、そこに集う人々が自分の価値観に従い、独自のユニークな人生を追求していく姿でした。先にお話したとおり、入学初日から驚いたのは、周りにいる同級生たちがみんなそれぞれ、何かしらのアジェンダやトピックを持っていて、世界を変えたい、問題を解決したい、世の中にインパクトを与えたいという強い思いを抱えていたということです。実際、スタンフォードはこれまで、自らのアジェンダを実行に移し、世の中にインパクトを与えた人を大勢輩出しています。みんながそれを知っているから、誰かが突飛なことを言ってもけっして馬鹿にしたりはせず、本当にできると思ってくれます。

「世界を変える」などと日本で言ったら、ちょっと変なヤツだと思われます。けれど日本に帰ってきて私が感じたのは、この国では誰もが最低限の問題意識を持っているのに、それがすごく間接的だということです。外野からただ文句を言っているだけというスタンスです。

私がスタンフォードで学んだのは、ただ「世の中の問題を解決しよう」と言うだけでなく、自らイニシアチブを握って解決に乗り出すべきだということです。そうすれば、どんなことも必ず実現できる。そう確信しています。

「夢のような2年間」と言われる意味

卒業することは「世界の終わり」?

スタンフォード大学留学の最終日、卒業式は入学式と同様、空が素晴らしく晴れ渡っていました。そのとき、私が抱いた印象は「シリコンバレーで過ごしたこの2年間は、現実世界じゃないな」というものです。

一緒に卒業した周りの学生たちも、みんなが口々に言っていました。「夢のような2年間だった」と。それほど満足度が高いのです。スタンフォードの卒業生で、在学中の生活を否定する人はまずいません。例外なく「最高の2年間」と言い切ります。

実は2年目の途中くらいから、「もうすぐこの生活が終わってしまう」ということに気づいて、それがあまりに辛くて精神的に参ってしまう人まで出てきます。最後の1週間には、名残を惜しむようにあちこちでパーティーが開かれますが、学生たちはそれを「End of the world party」＝「世界の終わりのパーティー」などと呼んでいました。

私自身のことを振り返っても、2年間を通して、まさにトランスフォーメーション、変化の連続でした。2年前の自分に比べて、まったく変わったとつくづく思いました。価値観、考え方、ビジネスの視点、人生の優先順位……それこそすべてにおいて、です。全部で6学期ありましたが、一つひとつの学期が終わるごとに、自分の成長を感じていました。それが6回も繰り返されてきたのです。

卒業間際、久しぶりに会った友人たちにも言われたものでした。

「ものすごく変わったね。以前の君とは、人間が全然違うみたいだ」。

話し方や表情といった表面的なことから、目に見えない内面的なことまで、それこそ全部が変わったのだと思っています。

こう言うと月並みでありきたりに聞こえるかもしれませんが、卒業式当日、私の中には大きな期待と一抹の不安とがありました。

大きな期待というのは、こういうことです。スタンフォードにいると、確たる根拠があるわけではないのですが、何でもできるという自信を持てるのです。「あいつもできる。こいつもできる。自分もできちゃうんじゃないかな」という感じです。卒業するときにはすでに起業することが決まっていましたから、新しいビジネスを成功に導けるという自信がありました。ビジネスのことだけではありません。この先、世界がどうなろうと、どこにいても、どんな形でも、自分はきっと生きていけるという自信でした。スタンフォードの2年間で、それだけ揉まれたということです。

日本に帰っても「スタンフォード的なやり方」を続けたい理由

一抹の不安というのは、日本に帰っても、この気持ち、この自信を持続させることができるかどうかということでした。

スタンフォードでは2年間、徹底的にイノベーションを起こす仕組み、ビジネスが生まれる仕組みというのを学びました。そしてそれこそが、今の日本に欠けていることだと感じてきたのです。それは私にとって大きな収穫でした。

当たり前のことですが、日本とスタンフォードとはあまりにも環境が違います。自分自身で2年間かけてそのことは十分認識してきました。それなのに、いやそれだからこそ帰

卒業式のセレモニーには全員お揃いの角帽で参加

セレモニー後のパーティー

国して日本の社会で働き始めたら、あっという間に日本の空気に染まってしまって、「あれはスタンフォードだからの話で、日本ではそうはいかないよ」と思うようになってしまうんじゃないか。そんなことを考えていました。

せっかくスタンフォードで身につけたことを、そのまま貫きたい。それが私の思いでした。日本に帰っても、新しいことやクリエイティブなことをやり続ける姿勢を、持ち続けたい。「スタンフォード的なやり方」を、ずっと続けたい。

私が日本に帰国してもサラリーマンには戻らないと決めたのは、この不安を現実のものにしないため、スタンフォードとはあまりにも違う日本の空気に、あっさり染まっていまわないためです。

スタンフォードでの2年間は、いま振り返ってもやはり夢のような2年間でした。だけど、夢で終わらせたくない、まだ終わっていないという気持ちが、私にはあります。

第3章
起業家精神をたたき込まれた
ビジネススクールの授業

Entrepreneurship

ビジネススクールで学ぶこと

「人生を変える」「組織を変える」「世界を変える」

この章ではビジネススクールの授業に関して詳しくご説明したいと思います。

大学の中でも、「経営学修士＝ＭＢＡ（Master of Business Administration）」という学位を取るためのコースを、一般にビジネススクールと呼びます。ビジネススクールでの教育は、主に社会人、職務経験のある人を対象にしています。そこでは経営に必要な知識を吸収し、能力を身につけられるのが特徴。生きた経営、実践的な経営を学べるというわけです。実際のビジネスで生じるさまざまな問題を考え、解決できるような経営者の視点をそなえるためのプログラムです。

学位を取得するまでに必要な期間は1～2年と、大学によって多少異なりますが、スタンフォード大学のビジネススクールは2年間のプログラムを設けています。

「人生を変え、組織を変え、世界を変えること」(Change lives. Change organization Change the world.)。スタンフォード大学では、ビジネススクールの学生に学ぶことの意義をこのように教えています。

今さら言うまでもないことですが、スタンフォード大学のビジネススクールは、ハーバード大学のそれと並び、世界最高レベル。超難関として知られていて、世界中からトップレベルの学生たちが集まっています。合格率はわずか6％。まさに、選ばれた人だけがここで学ぶことを許されるのです。

カバーする幅が広い選択科目

2年間で履修する科目には必修科目と選択科目とがあり、必修科目ではマネジメントに必要とされる会計学、金融、マーケティング、リーダーシップといった基礎的なことを学びます。選択科目には、将来のビジネスリーダーを育てるためのさまざまな科目が用意されていますし、ビジネススクールだけでなく、スタンフォード大学内の他のスクール、地球科学、教育、工学、人文・理学、法律、医学の科目も選択の対象とされています。それぞれの学生が、自分の学びたいことを自由に学ぶということを大切にしているので、専門を狭めてしまうことなく、選択の幅を広くしているのです。そこは、スタンフォードらしさだと言えるでしょう。

私はここで2年間の学生生活を送り、MBAを取得して帰ってきました。MBA取得は入学当初の目標ではありましたが、今思えば、学位そのものが重要だったのではありません。スタンフォードでの2年間を通して、自分の考え方、価値観が変わったこと。それこそが最も重要なことでした。

ビジネススクールの科目や授業の進め方

組織論とアントレプレナー教育が強み

スタンフォード大学のビジネススクールのプログラムは、２年間です。第２章でもお話しましたが、１年目の９月からスタートして、秋学期、冬学期、春学期と１年間に３学期、２年間では全部で６学期あります。このうち、最初の２学期は必修科目を、３学期目は必修科目が多少あるものの、このあたりから自由に選択科目を取れるようになってきて、２年目の３学期は各自がほとんど自由に履修科目を決められるようになっています。

他の大学ではたいてい、同じＭＢＡのコースの中でファイナンスとかマーケティングといった「専攻」があって、それに沿って授業を履修していくのですが、スタンフォードの場合はその専攻がありません。ですから、自分の学びたいものに取り組めます。

私の場合は、基本的には組織論、アントレプレナーシップと、それに関わりのある授業を取っていました。ビジネススクールは、学校によってそれぞれ得意分野を持っているのですが、スタンフォードは起業したときに最も大切なのは、「人のマネジメント」ということで、コミュニケーションスキルを重視し、組織論とアントレプレナー教育が強いのです。ですから、私もそこに重点を置きました。

授業のスタイルは、日本の大学とはずいぶん違います。まず、どの授業も、クラスの単位が小人数です。多い授業で60~70名。これが最大級で、少ない授業だと20名以下です。教授が理論について話をしてくれる授業というのももちろんありますが、特徴的なのはやはりケーススタディです。

授業1コマは、1時間30分から1時間45分です。1科目はだいたい週2回の授業があります。いつの授業で何をやるか、たとえばケーススタディならどの企業、どの経営者の手法を取り上げるかといったことは、1学期分まとめてパッケージになっているので、1回目の授業が始まるより前にそれを受け取ります。そのパッケージの中身を見ながら、毎回の授業の準備をしていくのです。

ビジネススクール、「テクノロジー・イノベーション」の授業

ビジネススクール、「Aligning start up with market」の授業

「発言の量と質」が評価のポイント

日本の場合と最も違うのは、ビジネススクールの授業が結局「発言をいかにするか」にかかっているという点です。授業の準備、予習というのもそのためにあります。質問か、意見。実際の授業の場で、それをどれだけ発言できるのかが勝負です。成績も、周りの同級生たちの評価も、全部それで決まります。

1つの授業には、授業を進行する教授とは別に、学生たちの発言をチェックしているTA（ティーチング・アシスタント）がいます。はっきり聞いたわけではありませんが、どうやら、発言の回数とクオリティとをすべてチェックしているようでした。「最近、発言できていないから、成績、やばいなあ」といったことが、自分でもわかります。私の場合、最初の頃は成績が悪かったので、授業ごとの自分自身の発言回数をエクセルにまとめて平均値を出したりしていました。まあ、星取表みたいなものです。発言回数がある程度まで下がってくると、学校から警告を受けてしまいます。だんだん慣れてきて、思うように発言できるようになってからは、つけるのを止めてしまいましたが。

発言できるかどうかは、1クラスの人数というのも関係してきます。たとえば60〜70名の授業では学生もたくさんいて互いに競争なので、手を挙げても1時間30分やそこらの間には発言の機会をなかなか与えられません。その代わり、当てられたときにはちょっとしたこと、気の利いた質問や意見が言えればいいのです。

ところが15～20名くらいになってくると、議論そのものがディープになってきます。ですから当然、その議論の流れに合った質問や発言が求められます。その人がどれだけ勉強してきたか、ケーススタディについて準備してきたかということも問われますが、それ以前の問題として英語が相当できないとついていけなくなってしまいます。外国人留学生にとってはそこはハードルが高いので、極端に小人数の授業は「この授業、きつそう」「ちょっと負荷がかかりすぎる」などと言って敬遠し、履修しないという同級生もいました。私は「だからこそチャレンジしよう」という意気込みで、けっこうそういう授業を進んで取っていました。

世界的エグゼクティブが講師やゲストを務める授業

グーグルの元CEOの授業に参加

スタンフォードのビジネススクールでは、ずっとアカデミックな世界で研究をしてきた教授ばかりでなく、実務家として起業や経営を経験してきた教授がたくさんいて、授業を担当しています。そこが、組織論やアントレプレナー教育に強いと言われる由縁でもあるのでしょう。授業によっては、アカデミアと実務家、２人１組で担当している場合もありました。

経営者として著名な人が受け持つ授業は、やはり学生たちからの人気も高かったです。履修できる定員の人数がすぐ埋まってしまうため、取り合いになっていました。

私が2年目の冬学期に履修した「アントレプレナーシップ・アンド・ベンチャーキャピタル」という授業もその一つです。元グーグルCEOで、検索エンジン開発の功績が称えられ、全米技術アカデミー会員として認定されているエリック・シュミット氏が担当していました。

この授業が始まる前、小さい教室で履修者だけが参加するプレパーティーがありましたが、そこになんとシュミット氏が現れました。その時、私たちクラス全員に「この授業の目的は何か」と聞き、「起業して会社を作り、3年後には100億円で売却することを目的にしている」といきなり言うので驚きました。

シュミット氏はその頃ちょうど、グーグルのCEOを辞めたばかりで、授業が終わった後もいつも彼を囲み、有志でランチを食べました。授業のことやビジネスのことを離れ、もっと身近な相談にも耳を傾けてくれたので、私たちはたくさんのことを学べました。

シュミット氏の授業では、ゲストとしてユーチューブの創業者の2人、スティーブ・チェンとチャド・ハーリーが登場したことがあります。

彼らが言ったことを私は明確に覚えています。

「ローキーなシリコンバレーが僕は大好きだ。成功して金持ちになっても周りに成功者がいっぱいいるから変に浮つくこともなく、失敗しても大してみんな気にもしない。価値創造に心から集中できる環境なんだ」

チャド・ハーリーは、寝巻きのようなジャージとパーカーを着て安いサンドイッチをほおばりながら楽しそうに語っていました。

起業の理由は人によりけりなのでしょうが、あんな風に自然体で新しい価値を世の中に創造できたらなんて素晴らしいんだろう、と思いました。

また、やはり私が履修した中では、第2章でも触れたジェットブルー航空会長のジョエル・ピーターソン氏が講師を務める「マネージング・グローイング・エンタープライズ」も人気の授業でした。印象に残っている授業は数々ありますが、その中でも1、2を争うほど印象深いものです。

担当講師以外にも、各界の著名人がゲストで授業に来てくれていました。そして、自身の起業や経営の経験をいろいろと話してくれます。たとえば、ペイパルの創業者でフェイスブックに最初に投資したことからシリコンバレーきっての投資家と呼ばれるピーター・ティール氏。ブッシュ政権のときの国務長官、コンドリーザ・ライス氏。ユーチューブの創業者、チャド・ハーレイ氏。サンマイクロシステムズの創業者、ビノット・コスラ氏。

グーグルの創業者ラリー・ペイジ氏（左）と同元 CEO のエリック・シュミット氏（右）。二人ともスタンフォード大学との関わりは強い

エリック・シュミット氏による「アントレプレナーシップ＆ベンチャーキャピタル」の授業、最後のプレゼンテーションの場面

考えてもみてください。ただケーススタディをやるだけでも、もちろん勉強にはなりますが、ケースの主人公である起業家や経営者が、実際に自分たちの目の前にやってきて、そのときに何を思ってどういう決断をしたのか、その結果、何が起こったのかということを生々しく話してくれるのです。これほどリアルなことはありません。

経営者の気持ちは経営者にならなければわからない

スタンフォードは、起業家を目指す学生たちの集まりです。実際に将来起業するかどうかは別にしても、みんなが思い思いに、起業や何か新しいことをすることへの意欲を持っています。そうした仲間たちと一緒に、ケースの主人公である起業家たちの話を聞き、さまざまな議論をして気づいたことがあります。

「まず、コンサルティング会社などの企業で経験を積み、しっかりと多くのことを学んでから起業しようと思う」と言う人は案外たくさんいます。しかし、自分で起業することと、他の会社で経験を積むこととは、まったく別物だということにスタンフォードで気づきました。授業で出会ったケースの主人公たちの口からは、本当にリアルな話が飛び出します。その話を通して、「ＣＥＯが悩んでいることというのは、ＣＥＯになって経験しなければ学べない。他の会社でいくら経験を積んでも、学べないものなんだ」ということがよくわかりました。

このことは、後に具体的な授業内容についてお話する際にも改めて言及しますが、そうしたリアルな話に触れなければ、いくらケーススタディを重ねていっても吸収できないこと、気づけないこと、理解できないことというのはたくさんあるのです。スタンフォードが学びに対してオープンだと言われるのは、こういう体験の機会を、学生たちに与えてくれるところだと思います。

スタンフォードでは、「失敗を恐れるな。まず、自分で起業してみろ」ということを繰り返し言われます。みんな、起業にリスクがあるなどということは考えません。それは、失敗してもそこから学び、また新しいことを始める環境があるからとも言えます。また一方で、実際に自分で起業し、経営を経験しなければわからないことがあるから、「まず自分でやってみなさい。そのポジションに身を置きなさい」ということなんだと思います。起業とか経営というのは、それほどユニークなことなのです。スタンフォードではそのことを、たくさんの実務経験豊富なゲストたちからずいぶん教えられました。

仲たがいした元共同経営者同士がゲストに招かれる

毎回のゲストがみな経営者

スタンフォードで自分が影響を受けた出来事というのは数多くありますが、やはり最もエキサイティングだったのは実際の授業でした。ビジネススクールの科目の中では、前述した「マネージング・グローイング・エンタープライズ」がとりわけ印象的です。このときのノートは、実際に起業し、企業経営に取り組むようになった現在でも、取り出して読んでみることがあるほどです。

この授業の特徴は、スタンフォードの卒業生が起業したさまざまな企業の実例がケーススタディとして毎回取り上げられることです。そして、毎回の授業にはそのケースの主人公、すなわち経営者本人が登場します。実際に経営者の話を聞き、ディスカッションを重ねていくので、そこから得られる学びも非常に深いものになりました。実際、1つひとつのケーススタディのタイトルはその企業名になっているのです。ベンチャー企業を起業し、事業を拡大していくうちにぶつかる、いろいろな問題を取り上げている授業です。

特にベンチャー経営につきものの複雑な人間関係を題材にしたケーススタディが多く、毎回の授業は非常に生々しいものになりました。この授業は他の一般的なケーススタディ使用の授業と違い、ロールプレイ演習が用いられ、毎回学生数名が各ケーススタディで指定された役柄を演じて行きます。教授は毎回不利益を被る側の役割を演じ、本気で学生に挑んでいきます。したがって、毎回の授業は緊張の連続でした。

いまから、私がこの授業の中で最も影響を受けたケースについてお話しします。スタンフォードの同級生、シュワブでのルームメイトだった2人が一緒に立ち上げたメンズパンツの会社、ボノボス（www.bonobos.com）のケーススタディです。

2人というのは、ブライアン・スパリーとアンディ・ダン。

もともとはブライアン・スパリーが自分のためにズボンを縫ったのが、事業の始まりだったといいます。なんでも彼は太もも周りが人より大きく、既製のズボンが合わなかったそうです。そこで自分でズボンを縫ってはいていたら、友人たちから「おまえのズボン、かっこいいね」と言われました。「俺のも縫ってくれないかな。金、払うから」というわけです。それで友人たちの依頼を受けて、彼がスタンフォード大学2年生のときになんと100枚以上のズボンを売ったと言われています。

彼がこのことを、ルームメイトのアンディ・ダンに話すと、「そりゃ面白い。それを事業にして、一緒にやろうぜ」ということになりました。さらに、この2人に、スタンフォードの教授、すなわちまさにこの授業を教えるジェットブルー航空会長のジョエル・ピーターソン氏が投資したのです。そして立ち上がったのがボノボスというわけです。

実はこの2人、後に仲たがいをして、共同経営者を続けられなくなってしまいます。結局、最初にズボンを作り始めたブライアン・スパリーがボノボスを辞めて、アンディ・ダンのほうがそのままズボンのビジネスを続けました。彼は今でもボノボスの社長です。ブライアン・スパリーはまったく別の会社を自分で立ち上げて、今はそちらで成功しています。

2人は2007年スタンフォード卒で、2011年に卒業した私より、ほんの4学年上ということになります。だから起業家とはいっても、ものすごく身近な存在です。この2

人が揃って、ケーススタディの教室にやってきます。揃ってとはいっても、互いに一言も言葉を交わさないばかりか、同じ場にいるのに目を合わせようともしません。2人とも何となく怒っているような感じで、いかにも気まずい空気なのです。そんなふうなのに、ケーススタディの授業があれば、2人ともちゃんとやって来るのが面白い。

そのとき、学生の1人が、ブライアン・スパリーにこんな質問をしました。

「マネジメントの経験もないのに、企業の経営ができるのですか」

「そこに身を置けば、君たちなら、問題が起きてもまず何らかの解決策を見つけられる。経営はできるよ。なによりも重要なのはまず身を置くことだ」

それから、寮で一緒になったからといって、ビジネスパートナーにふさわしいとは限らない。そういうノリで人を選んではいけないということも言っていました。

現役経営者からだからこそ学べる生々しい教訓

ブライアン・スパリーは、スタンフォードに来る前、金融業界で仕事をしていたので、私と同じバックグラウンドなのです。授業後のランチの席で、彼は私に言いました。

「君は投資銀行にいる間に、いったい何回、意思決定をした？　数えてみろ」

考えている私に、彼はなおもこう言ったのです。

「起業すれば、君が投資銀行で1年間に下した意思決定の回数よりも、1日に下す意思決定の回数のほうが多くなる」

要するに、起業家というのはそれほど意思決定をし続けなければならないものだということです。

実は彼らは出資比率50%・50%でビジネスを始めたのですが、「そういうことは絶対にするな」とも教えられました。意見が分かれたときには、最終的にどちらかが絶対に意思決定をしなければならないわけで、50対50という出資比率はとても非効率なリーダーシップに行き着くと言うのです。

この授業には、彼らの経営のスタイルがこういう事態を招くこともあるという1つの学びがあります。仲たがいした2人のぎこちない雰囲気、実際のビジネスについて話すときのリアルでクールな言葉、そういったものを自分で見て、丸ごと感じなければわからない何かを、確実に学べる時間でした。

名物授業「タッチー・フィーリー」

むき出しの感情を口に出す密室の授業

自分が発した言葉が、相手のどんな感情を呼び、周りにどういう影響を与えるか。経営者なら、そうしたことを熟知しておく必要があるはずです。30年以上の歴史を誇るスタンフォード・ビジネススクールの名物授業「Interpersonal Dynamics」、通称「タッチー・フィーリー（Touchy Feely）」とは、それを身をもって体験することが目的です。わかりやすく言えば、対人関係を改善、学習するためのプロセスを学ぶための授業なのかもしれません。ここにもコミュニケーションスキルを重視する姿勢が現れています。

１クラス12人の学生と２人のプロのファシリテーターが、小さい部屋に閉じ込められます。1日の授業はなんと6時間。そこでいろいろなテーマについて語り合います。

部屋には人数分の椅子が置いてありますが、机やテーブルはありません。司会もなく、話のテーマも特に決められていませんが、何でも隠すことなく、ストレートにフィードバックしなければならないというルールが決められています。

人は普通に生きていたら、必ず本音と建前があるはずです。相手に気を遣ったり、負い目を感じたり、いろいろな理由で言わずにおくこともたくさんあります。しかし、ここではそういった区別や配慮は一切せず、何もかも包み隠さずに口に出さなければなりません。

たとえば私が「この間、パーティーに呼ばれなくて、すごく寂しく思った」と言います。するとその発言に対して、誰かが「今のあなたの言い方には、不快感を覚えた」など、普通なら口に出さないことでも感じたままに吐き出すのです。それを隠そうとすると、その場にいるファシリテーターが圧力をかけてきます。ファシリテーターはプロなので、そういうことは何もかもお見通しなのです。

さらには、12人のうち、自分を除く11人に、自分への影響力が高い順番で番号をつけたりもします。順位が低くなってしまった人は、「なぜ自分が11位なのか」と憤慨します。すると彼を11位にした当人が「あのとき君は私の目をしっかり見ていなかった。だから君の言ってたことは重要に思えなかった」と言い返します。

こんなことを密室に閉じ込められて何時間も続けていると、神経が参っておかしくなってきます。しかし、これは意図的に作られたプログラムです。他人にどういうことを言われたら、どんなふうに感じるか。また、自分がどういうことを言ったら、相手はどう感じるのか。それがだんだんわかるようになってきます。

何気ない一言が相手を傷つけたとか、逆に喜ばせたとか、そういうことも手に取るようにわかるようになってくるのです。このプログラムを経験すると、それまでは人からちょっと褒められたりしても、「嬉しい」とはいちいち言わなかったのが、口に出して言うようになりました。フェイスブックで交流のある誰かに対して、いちいち「Happy Birthday」と書き込むようなことは以前はありませんでしたが、最近は書き込むようになりました。それは、ちょっとしたことや単純なことでも、相手には計り知れないほどのプラスの影響を与えるんだと感じるようになったからです。

リーダーは自分の発言に責任を持つべきであるという教訓

自分の何気ない発言が相手にどういう影響を与えるのかをもっとよく知ることは、リーダーにとって必要不可欠です。リーダーが、自分の発言に責任を持つべきだということと、この授業の内容は深くつながっているのです。

私はそれまで、コミュニティーの中には深く入り込まず、どことなくアウトローの立場を取っていましたが、どうやって関わっていくべきなのかが「タッチー・フィーリー」を通してわかったような気がしました。

もっとも、どんな隠し事も許されませんし、密室に閉じ込めれて圧力をかけられるという精神的に大きな負担になる授業ですから、場合によっては学生同士の深刻な喧嘩に発展してしまう場合もあります。また、話題を突き詰めていく中で、過去にＤＶ（ドメスティックバイオレンス）を受けていたというような極めてプライベートなことも開示しなければならなくなります。

ですから、授業の前には学生たち一人ひとりが秘密保持契約の書類にサインをします。ここで見聞きしたことはもちろん、誰と一緒にこの授業を受けたのかも口外しないという約束になっています。

スタンフォード流「リーダーシップの身につけ方」

演劇から学ぶ「アクティング・ウィズ・パワー」

スタンフォード・ビジネススクールが、いかにリーダーシップの教育に強いのかがよくわかる授業が、「アクティング・ウィズ・パワー（Acting with Power）」だと思います。私も履修しました。

アクティング、つまり演劇の授業です。ビジネススクールに演劇とは、一見何の関係もないようですが、実は思いのほか重要な関わりがあります。

「アクティング・ウィズ・パワー」とは、直訳すれば「権力とともに演技すること」です。要するに、リーダーとしての雰囲気づくりということなのです。同じメッセージを発するにしても、どんな声で、どんなテンポで、どんな言葉づかいで話すかによって、伝わり方は違います。さらには、目配り、しぐさ、立ち方、歩の進め方、そういったものの一つひとつによって、リーダーとしての権威、風格、かっこよさといったものが醸し出されてきます。つまりは、この授業もまた、リーダーシップの一環というわけです。

学生たちはお題を与えられて、いろいろなアクティング、演技の仕方を研究し、実践してみます。互いの実演を見て、批評するだけでなく、自分の実演についてもビデオで撮影してもらって、じっくり研究していきます。自分がちゃんとリーダーの雰囲気を身にまとってしゃべっているのかを、自分自身でもジャッジします。

授業を担当しているのはスタンフォードの教授です。組織論の1分野として、このアクティングをずっと研究している専門家です。組織論の中にこうした領域があるところが、スタンフォードのユニークなところで、なかなか他の大学にはないと思います。

スタンフォードの授業は全体にそうですが、普通にさらっと聞いているとそのまま聞き流してしまうようなことでも、よくよく考えてかみ締めてみたら、とんでもないことを教えているんだなと思えることがたくさんありました。

スティーブ・ジョブズのトレーナーが教えるプレゼン

この授業は、教授だけでなく、外部の演劇スクールから演技のプロも何人か来て、指導してくれます。またプレゼンテーションの授業で私にプレゼンテーションを指導してくれた人は、スティーブ・ジョブズやエリック・シュミットにプレゼンテーションのノウハウを教えていたまさにその人でした。

スティーブ・ジョブズが、アップルの新製品発表会等で演じるプレゼンテーションの素晴らしさは、あまりにも有名です。その言葉の一言一言、立ち居振舞いの一つひとつが聴衆を引き込むと評判でした。彼がそうした大舞台に、１カ月以上も前からものすごい時間を割いて練習を重ねていたことはよく知られています。もちろん、そこにはプロの指導者もちゃんとついていたのです。

話が横道にそれましたが、その指導者は私にこう言うのです。

「おまえはもう、アクターだ」

これからは徹底して演技者であれ、というメッセージです。

そして私が話している様子が映っているビデオを一緒に見ながら、本当に細かい手直しをしてくれます。話している内容について、「この言い回しは、こういうふうに変えてみよう」とか、しぐさについては、「手の動きをもう少し少なくしてみようか」など、それこそ「そこまでやるのか」というところまで及びます。

そこはさすがにプロの指導です。同じ人間が同じことを伝えているのに、見え方がだんだん変わっていきます。本当にリーダーの権威というものが備わっていくのです。

このすぐ前でお話した「タッチー・フィーリー」でもそうでしたが、リーダーとは、自分の存在が周りにどういう影響を与えるのかということに、責任を持たなければならないということを学びました。伝えたいことがきちんと伝わるということはもちろん不可欠ですが、それ以上に、周りの人たちが自分を見て、いったいどんな感情になるのか、どういう受け止め方をするのかを十分に知っていなければ成りませんし、きちんと計算ができなければいけません。これはとても大切なことです。

そういう意味では、経営者、リーダーと、俳優、アクターには、少なからず共通点があるのかもしれません。

「起業家たれ」を教えるラストレクチャー

何かをしなかった後悔は一生消えない

スタンフォードの生活も終わりに近づいた、卒業間近のある日、２年生の私たちに向けたラストレクチャー（最後の授業）があります。このラストレクチャーを担当したのは、スタンフォードのアントレプレナーシップセンターのディレクターで、自らも数々のビジネスを成功させてきた看板教授、アーヴィング・グロースベック氏でした。

グローズベック氏は全米でも有名な起業家で、１９６４年にケーブルテレビ局を運営するコンチネンタルケーブルビジョンを創業し、１９９６年には同社を約９０００億円で売却した人物です。

ラストレクチャーの内容はほとんど、「起業家になるために」という教えに終始していました。2年間のプログラムの最後に、こういうレクチャーを用意しているところがいかにもスタンフォードらしくて心憎いですし、その内容も実にグロースベック教授らしいといえるでしょう。

グロースベック教授はこの講義の中で、次のような名言を引用しました。

「何かをした後悔というのは、時が経つにつれて薄れていく。だが、何かをしなかった後悔は、一生消えていくことはない」

2年間をスタンフォードで過ごし、いろいろなことに目を見開かされてきた私には、この言葉がものすごくしっくりきました。

スタンフォードでは、誰もが「世界を変える」という目標を当たり前に持っていますし、「世界は変えられる」と信じています。次の第4章でデザインスクールの授業についても詳しくお話していきますが、そこでは「失敗を恐れるな」ということと同時に、「早くチャレンジし、早く失敗して、失敗から学び、また次のアクションにつなげよ」ということを繰り返し言われます。

まず、自分が主体となって動くこと。自分がやってみること。2年間を通して、組織論やアントレプレナーシップを中心に学び、スタンフォードの精神を叩き込まれた私には、それが身についていました。だからこそ、グロースベック教授の言葉が、自然と身体に染み込んでいったのです。

過去のアメリカの経済成長を振り返ると、起業家が起業することで新しいビジネスが次々に生まれてきました。そこで新規雇用が生まれ、経済が活性化したことは間違いありません。なぜ、それらが実現されていったのか。それは、ビジョンの存在なしには語れないと思います。

グーグルなら「検索」、フェイスブックなら「人と人とのつながり」というように、新しい事業が生まれるとき、その根底には必ず確固たる起業家のビジョンがあります。そうしたビジョンを持っている起業家がいたからこそ、そこから芽生え、成長した商品やサービスに人々がお金を払うというサイクルができあがり、社会が活性化されるのです。そのことを思い知らされた2年間でした。

ビジョンさえあれば成功はできる

ビジョンの存在は、また同時に、ビジョンさえあれば必ずやれる、成功できるという勇気を与えてくれるものでもあります。スタンフォードを卒業して帰国し、起業してから、私自身、あちこちで講演を依頼されることが増えてきました。私がスタンフォードで学んだことはあまりにも大きかったので、この体験を少しでも日本の皆さんとシェアしたいという思いがあります。私が今、可能な限り講演の依頼をお引き受けするのは、こういう理由があるからです。

スタンフォードでは、教授と実務家とがペアになってベンチャーについての指導をすることが多いのですが、日本ではこんなダイナミックなプログラムはなかなか考えられません。大学がシリコンバレーのど真ん中に位置していることから、有名な経営者が車ですぐに駆けつけて、生の声を聞かせてくれますが、これほどの環境は世界中のどこを探しても他にはないと思います。

時には「日本にもシリコンバレーを作ろう」という議論が持ち上がっているようですが、シリコンバレーのそもそもの成り立ち、根本的な歴史、そこから生まれた文化や精神を理解せずに、ただ同じ領域の産業を1つのエリアに集めたところで、それはとうていシリコンバレーにはなり得ません。

そうしたことを思うとき、私は自ら世界を変える必要があると感じるのです。そしてラ

卒業を間近に控えたスモールグループディナーで、ビジネススクールの学長ガース・サロナー氏と筆者。

ストレクチャーのグロースベック教授の言葉は、２年間のスタンフォードにおける学生生活を締めくくるものであると同時に、それからの私の出発点であるとも思うのです。

第4章
イノベーションを実現するデザインスクールの授業

Innovation

デザインスクールとは

イノベーションを起こす人たちのハブ

Hasso Plattner Institute of Design at Stanford、通称デザインスクール（ｄスクール）は、スタンフォード大学の主要な7つの学部とは違い、学位を発行しない独立機関です。工学部の教授で大手デザインコンサルティング会社ＩＤＥＯの創業者でもあるデイビット・ケリー氏が中心となって、２００５年に設立されました。設立資金として35億円を寄付したＳＡＰの元ＣＥＯであるハッソ・プラットナー氏の名前が冠されています。

大学側は、このデザインスクールを、「イノベーションを起こす人たちのハブ（車輪の中心）」として位置付け、異なるバックボーンや専門を持った人たちが自由に交流したり、コラボレーションによって新しいことに取り組める場としています。

実際にデザインスクールの授業には、経営、地球科学、教育学、工学、人文・理学、法学、医学の7つの学部からいろいろな学生が集まってきています。7学部のうち3学部には大学院だけでなく学士課程もありますから、20歳そこそこの本当に若い学生も授業を履修しています。彼らはまだビジネスの経験など何もありませんし、まだ就職のことさえ考えていません。ただ、自分の手を動かしてモノを作り、世の中に広めていこうという強い情熱を持っているのです。そのためにお金が必要なら、ベンチャーキャピタルやエンジェル投資家のところに行って、自分でプレゼンテーションしてくれればいい。実にシンプルでアクティブなのです。そのことに驚き、感銘を受けました。

デザインシンキングとは

デザインスクールといっても、いわゆるプロダクトデザインとかグラフィックデザインを学ぶわけではありません。ここで言うデザインの定義は、単なる見た目のデザインではなく、問題の本質を掘り下げて解決のための設計を行うこと、つまり「デザインシンキング」というイノベーションを起こすための基本的な考え方を学ぶことにあります。

工学から生まれた方法、人文科学に由来するアイデア、社会科学で培われた手法、ビジネスで養われた洞察力を組み合せていくこと。要は、異なる学科や分野同士を横断的に結びつける過程こそが、デザインシンキングなのです。

スタンフォード大学のデザインシンキングのプロセスは以下のようなものです。

①「共感（Empathize）」……徹底的に特定のユーザーのインタビューと観察を行う
②「問題定義（Define）」……ユーザーの問題が何なのか定義する
③「創造（Ideate）」……その問題をどう解決するのか、ブレーンストーミングを行い、可能なかぎりアイデアを出す。どんなくだらないアイデアも捨てずに残していく
④「プロトタイプ（Prototype）」……出てきたアイデアを素早く形にして試す
⑤「テスト（Test）」……形になったものをテストし、ユーザーのフィードバックを得る

このようなデザインシンキングの結果生まれた数々のイノベーションは実際のビジネスの現場で斬新な商品やサービスを生み出しています。そして、世界中の大学や企業から注目を集めているのです。

まさにビジネス本番「ローンチパッド」のカリキュラム

イノベーションはプロセス化できる

私は1年目の春学期に初めて、このデザインスクールの授業を受けました。ビジネススクールの授業はどれもエキサイティングでしたが、もしかしたら、デザインスクールが私自身に一番大きな影響を与えたかもしれません。

私がスタンフォードで履修した授業の中でも、とりわけ忘れ難いのがデザインスクールの「ローンチパッド（Launch Pad）」です。講座名にもなっている「ローンチパッド」とは、ロケットの発射台のことで、授業を通して学生たちが実際に事業を起こすことが目的でした。まさにスタンフォードの起業についてのエッセンスが凝縮されているカリキュラムです。

この授業は、履修の申し込みをする際に、すでに自分たちのチームを作り、ビジネスとして何を手がけるかを決めていなければなりません。授業の期間は3カ月で、本当にその間にビジネスを立ち上げるのです。私は、ビジネススクール、エンジニアリングスクールの日本人学生と組んで3名のチームを作り、この授業に参加しました。

私たちがアイデアとして持っていたのが、C2Cのウェブサービスです。アメリカのローカル情報交換サイト「クレイグズリスト」(www.craigslist.org)の日本版といったところでしょうか。要は、あるエリアで、モノを売りたい人が買いたい人を探したり、不動産を貸したい人が借りたい人を探すといったことをサイト上でできるようにするというビジネスです。他にも建築業者のマッチングサービス、学生向け出張フードデリバリーなど様々なビジネスモデルをもって学生たちはこの授業に望んでいました。

この授業の冒頭で、まず私たちはこんなことを教わりました。

「Innovation is not an event. / Innovation is a Process.」

(イノベーションとはけっして偶然に起こるものではなく、プロセスである)

イノベーションとは、筋道立ててプロセスを追えば、必ずできるというわけです。それから、こうも言われました。

「Speed is Key.」

（スピードこそが重要だ）

とにかく早くやれ、ということです。さらには、

「Innovation = Creativity + Implementation / Ideas without implementation are day-dreams.」

（イノベーションは創造力と実行から成る。実行を伴わないアイデアなど、ただの白昼夢だ）

「Use Failures.」

（失敗を活かせ）

さっさと実行に移して早く失敗し、それを次に活かしてまた挑戦しろという教えです。

このとき、私たちが持っていたのは、本当にビジネスのアイデアだけでした。何の準備もできていません。「まったくのゼロから、3カ月で君たちは自分の商品をリリースするんだぞ。やるしかない。もう決めろ」。そういう感じで授業が始まったわけです。

まず最初に、どんなビジネスを考えているのか、それぞれが全員の前で2分間でプレゼ

ンテーションして、それを全員が評価します。「このチームが信用できるか」「彼らは情熱を持っているか」「彼らは本当にやる気があるか」「このアイデアについてはどう思うか」「そもそも彼らが言う『ビジネスチャンス』を理解できたか」「このコンセプトは実現可能か」「あなたはこのチームに投資するか」といった質問に答えてそれを点数化し、各チームが点数を競います。

ブレストではアイデアの否定はNG

次にアイデア出しをします。付箋紙をボード一面に張りながら進めていくのですが、これには1つだけルールがあります。アイデアを出している間は、そのアイデアに対するジャッジをしないということです。ですから、どれほど突飛だったり、変わっていたりするアイデアも否定してはいけません。「ブレーンストーミングの目的は、どれだけ多くのアイデアを出せるかだ。最適な解を求めるための最もいい方法は、より多くの解決策を考えることだからだ」という考え方が、この根底にあります（注　ブレインストーミングとは、集団でアイデアを出し合うことによって連鎖反応を生み出し、新たな発想の誘発を期待する手法）。とにかく数多くのアイデアを出し、自分のアイデアと他の人のアイデアとを行き来し、つなげ、その上にまたアイデアを出していく。それが重要なのです。

このときには、「イノベーションの源泉はブレーンストーミングのやり方にある。ブレーンストーミングのテクニックは、新しくモノを作る人にとって、最も重要かつパワフルなツールである」とも言われました。

そして3回目の授業では、もう自分たちの商品に必要な最低限の機能を形にして、1回目のユーザーテストをします。誰か外部の第三者を自分たちでつかまえてきて、商品を実際に使ってもらい、評価してもらうのです。「ローンチパッド」の授業は週2回でしたから、3回目の授業ということは、スタートからわずか1週間でもう最小単位の商品を作り上げなければならないということです。3カ月を通して、ここが一番しんどいところでした。

その後、テストの結果をフィードバックして改善し、フォームやカラーなどの見た目を整えるなど、モノ作りを進めます。その一方で、会社の登記の仕方、マーケティングの手法、投資家へのプレゼン方法などを教わっていきます。

ビジネス本番さながらのトレードショー

テレビCMも作ってしまう?

「ローンチパッド」の3カ月の授業も後半に差し掛かったところで、「セリングオリンピック」というのを全員でやります。これは簡単に言ってしまえば、電話営業大会です。授業時間内に20人分の潜在顧客の電話番号を集めて電話をかけ、成果を競い合います。私たちは、自分たちのサイトに出店してくれるという人を電話で募りました。

成績優秀だったチームには賞品もありました。たとえば、教授の知り合いの弁護士に1時間相談できる無料相談券とか、登記費用が無料になるサービスとか、起業のサポートになるような賞品でした。

自分たちでお金を出して、グーグルやフェイスブックに、実際に広告も出しました。これは、１日25ドルまでという上限が決められています。それから、テレビＣＭも制作しました。私たちが手掛けていたのは、日本で展開することを想定したビジネスですから、学生寮の自分の部屋を片付けて、あたかも日本のどこかにある部屋に見えるようにして撮影しました。何もない空っぽの部屋に、ローカル情報交換サイトから入手した家具や道具がひとつずつ増えていくというストーリーです。仲間内で制作したものですから、〝手作り感満載〟です。

こんなふうに、ビジネスに必要なことは全部プログラムされているので、それに沿ってとにかく3カ月間、実践に継ぐ実践です。事実、後に自ら「Oh My Glasses」を起業した際も同じプロセスを踏むことによってスムーズな事業の立ち上げをすることができました。教授にずっと言われ続けていたのは、「授業のためなどと考えるな。このビジネスで成功するためということだけを考えろ」ということでした。

学期の終盤には「プランBシナリオ」も作りました。「成功しているスタートアップ企業は必ず、今展開しているプランAがうまくいかなかった場合に備えて、それとは別のプランBを用意している」というわけです。つまり、自分の価値観をそのままに、どのようにビジネスを変えていけるのか知っておくべきだということを学びました。

有名投資家も見に来るトレードショー

最後の授業では、「トレードショー」が開かれます。各チームが思い思いにブースを作り、そこで自分たちのビジネスを発表するのです。このときにはもちろん、すでにそれぞれの商品をリリースしています。このトレードショーには、有名な投資家も何人も来て、実際に投資の話がまとまることももちろんあります。まさにビジネスの現場そのもの、本番さながらのショーです。

最初は、本当に3カ月でビジネスが形になるのだろうかと漠然と考えていました。しかし、実際にトレードショーまで漕ぎ着けてみると、「意外にできちゃうものだな」というのが率直な感想です。

ここで重要なのは、イノベーションのプロセス化を学んだことだと思っています。授業の冒頭で教わった、イノベーションはけっして単なる思い付きでもなければ、奇跡的に生まれるものでもないということが、初めて腹に落ちたという感じです。

プロセスを一つひとつ管理し、消化していけば、誰でもイノベーションを起こすことが

デザインスクール、「ローンチパッド」におけるトレードショーの様子

トレードショーの来場者に熱心に商品やサービスを説明する学生たち

できる。このことを教わったのは、私にとってとても大きなことでした。起業とはけっして特別なことではなく、一般化されたごく普通のことに見えてきます。

「ローンチパッド」で取り上げていたのは起業ですが、ここにもスタンフォードのデザインシンキングが応用されています。

起業に限らず、すべての問題解決に応用できるフレームワークを、ここで教わるのです。

デザインスクールで変わった、失敗に対する考え方

授業から生まれた世界的ベンチャー

「ローンチパッド」の授業は、とにかく驚きの連続でした。

まず、集まっている学生がユニークでした。たとえば、スタンフォード大学のエンジニアリング・コンピューターサイエンス学科で学んでいたインド人出身のアクシェイ・コサリとアンキット・グプタもそのうちの２人でした。当時ちょうどiPadが発売されたばかりで、彼はiPadでニュースを読むリーダーを作りたいと言っていました。授業にはいつも手ぶらで来て、「世界を変えるようなニュースアプリを俺が作る」とひたすら繰り返すので、最初「こいつは何を言っているんだろう」と思ったものです。けれどそのうち、朝

から晩までコーディングをするようになり、失敗を重ねながら本当に完成させてしまいました。授業開始の6週間後には「Alphonso Labs」という名前で会社を登記し、製品もリリースしてしまいました。

彼らがリリースしたプロダクト「Pulse」(www.pulse.me)はリリース後、数週間もたたないうちに市場でも注目されはじめ、アップルのスティーブ・ジョブズがキーノートプレゼンテーションで取り上げたことを皮切りに各メディアの見出しを飾りました。一時、iTunes Storeのipadアプリの中でもナンバー1のアプリとなり、その勢いで有名なベンチャーキャピタルによる数億円の投資も受けました。そして、私が2011年に卒業する頃には、推定時価総額数十億円くらいのビジネスへと成長していたのです。彼の創ったベンチャー企業は、世界的に有名になりました。

完璧を求めてはいけない、早く失敗しろ

インターネットでブラジャーを売ろうとしていた女の子もいました。「クオリティの高いブラジャーが今はどこにもなく、大半の女性はサイズの間違ったブラジャーを着けている。クオリティが高くフィット感のあるブラジャーを作って、ネットで売りたい」と彼女

は言うのです。私は面白いと思っていましたが、教授は彼女にズバッと言いました。

「君たちは必ず失敗する。なぜなら、素人がいきなりブラジャーを作っても、高品質なものなど作れるわけがないからだ。失敗するのはわかっているんだから、早く失敗したほうがいい。重要なのは、失敗からのフィードバックで次の改善にどうつなげるか、だ」

私たちのチームもまた、同様のことを言われました。

「早く失敗しなさい」。

モノを作る私たちには、それなりに完成度の高いものを作り込んでからリリースしたいという思いがありますが、教授はといえば「作り込む時間など無駄だ。最低限の機能がついていればいいんだから、今世の中に出せる最短で、その商品をお客さんの目に触れさせてあげなさい」と私たちにプレッシャーをかけてきます。「いつリリースできるんだ？よし、明日には必ずリリースしなさい」「テストの結果はいつ反映できるんだ？　３時間後にはできるな」と、ずっとこんな調子でした。

失敗から学ぶスピーディーなクリエイティビティ

日本とアメリカ、特にシリコンバレーでは、プロダクトの作り方が大きく違うことをここで発見しました。日本では、つけたい機能が10あったとしたら、全部作り込んで完璧なものに仕上げてからリリースしないと、恥ずかしいとみんな思います。ところがアメリカでは、10の機能のうちお客さんが必要なのは5つか6つかもしれないから、最低限の機能だけでできるだけ早くリリースして、お客さんにフィードバックをもらいながら必要な機能を増やして行けばいいと考えます。

「完璧である必要などない。早くリリースしなさい。そして早く失敗しなさい」という考え方は、私がスタンフォードで得た最も大きな収穫だったかもしれません。

プロジェクトは失敗を前提に進める。失敗したらそれを教訓にして、再度トライする。このサイクルを短くして、いかにスピーディーに回していくかが重要なのです。

こうした考え方は、これまでの日本では考えられないことでした。日本では戦後の高度経済成長を背景に、製造業が経済を支えてきました。製造業では、いかにミスをなくし、製品の歩留まりをよくするかということを重視します。そのためにオペレーションを完璧なまでにレベルアップする。そういう価値観の中で、日本が発展してきたと思うのです。

しかし、これからの時代、このままの考え方では国際競争力を保つことが難しいでしょう。ビジネスがグローバル化している今、常に競合が世界中にひしめいています。たとえば中国市場に将来性があると思い進出してみたら、アメリカの同業者がすでに事業を展開しているというようなことが当然起こり得ます。それでは国内市場だけで事業を行っていればリスクがないかと言えば、国内市場もまた、日本語という障壁に護られたままではなくなってきています。

とにかく失敗を恐れず早く実行に移し、失敗したとしても、そこから学び、スピーディーに次のアクションにつなげる。失敗して初めてわかるクリエイティビティというのが、これからはますます重要になってくると思うのです。

第5章

誰でも世界は変えられる

Change the world

スタンフォードで得た、自分の価値観に根ざした生き方

私が起業を決意した理由

スタンフォード大学を卒業する間近まで、私は卒業後もアメリカに残るつもりでした。いずれは日本に帰国して何かを始めようとは思っていましたが、その前にシリコンバレーのどこかの企業で働くという経験をしたかったので、実際に内定までもらっていました。

しかし、さらに卒業が近づくにつれて、回り道をせずにすぐにでも帰国して起業しようという気持ちが強くなっていきました。その理由の1つは、スタンフォードの2年間を通して、「最後は何とかなる」と自分に自信がついたことです。たとえ世界で何が起きても、そのときに自分がどこにいても、何をしてでも生きていける。卒業する頃には、それほど

までに確固たる自信になっていたのです。

もう1つの理由は、日本に新たなビジネスを起こしたいと思ったことです。新たなビジネスを起こして、これからまた新しく変わっていく日本の姿を見たい。その思いが押さえられないほど膨らみました。

卒業式にはアメリカの財務長官が出席し、スピーチをしたのですが、その中でこんなことを言っていました。

「ＧＳＢ（Graduate School of Business、スタンフォード・ビジネススクールのこと）を卒業するというのは、君たちの出した重要な結果だ。そしてこれからは、自分の価値観のコンパスに従った人生を生きられるかどうかが問われる」

それからまた、私の1学年上の先輩が、自身のブログでこんな言葉を書いていました。

「私は挑戦し、ユニークな人生を歩みたい。自分の価値観に従い、自分なりの人生を歩むことができれば、それがＧＳＢを卒業した私の成功だ」

それまでは、お金を稼ぎたいとか、自分は周りの人からどう見られているのだろうかとか、きちんとしたエリートキャリアの道を歩きたいとか、そのようなことを多少なりとも考えていた私ですが、スタンフォードを卒業するときには、はっきりと決めていました。

これからはあくまでも自分の価値観に照らして仕事を選んでいこう、と。

起業することこそが何よりも優先

これは前にもお話したことですが、スタンフォード留学中は、それこそ「夢のような2年間」だったのです。密度が濃く、充実していて、あまりにも多くのことを学んだ時間でした。帰国して一刻も早く起業をしようと決めたのは、このスタンフォードの空気を忘れて、日本の社会に染まってしまったら何にもならないと考えたからです。

私の場合、スタンフォードへは私費で留学をしたので、借金もありました。企業に就職をしたほうが生活を安定させられるのは間違いありませんでした。父からも、とりあえず就職して安定した状態を手に入れてから独立すればいいじゃないか、とアドバイスされたのも事実です。でも私は、安定を犠牲にしても、すぐに行動を起こさなきゃならないと心から思いました。起業こそ、そして挑戦することこそ、何にも優先するべきことだと。

現在私が取り組んでいるメガネのECサイト「Oh My Glasses（www.ohmyglasses.jp）」というビジネスモデルは、当初はスタンフォードの授業内プロジェクトとして企画したもので、チームのメンバーを説得して進めてきました。卒業する頃には私以外のチームメイトは日本でビジネスをすること自体に興味を失っていたので、私は日本で新たにビジネスパートナーを見つけて、彼と起業への準備を始めたのです。

スタンフォード留学中に感じた日本の地位の低下

10年間で激変した海外が日本を見る目

これまでお話ししたように、私はアメリカ留学を3回経験しました。2003年、慶應義塾大学在学中の語学留学。2005年から2006年にかけてのインディアナ大学大学院留学。そして2009年から2011年のスタンフォード大学ビジネススクール留学。

最初の2回と、今回のスタンフォード留学とでは、大きく違っていたことがあります。2003年から2006年は小泉内閣の時期でした。日本の産業を復興させようという気運のもと、産業再生機構が民間41企業の再生にあたっていました。私も経営共創基盤という、企業再生を手掛ける会社にいたので、現場の空気を身近に感じることができました。

その様子は海外でも注目されていて、大学の授業でもケーススタディとして、日本のことがよく取り上げられていました。学生同士の会話の中でも日本のことが話題になる機会も多く、私自身が質問を受けることも度々でした。

それがスタンフォード留学の際には、日本が話題にされる場面がめっきり減ってしまいました。それには大きく2つの原因があると思っています。

1つは、世界経済における日本の存在感が薄くなってしまったことです。その前年の2008年にリーマンショックが起こり、先進諸国は軒並み不況に苦しみました。日本でも100年に1度の不況と言われていたのは、記憶に新しいと思います。そうした中で、中国やインドといった新興国が世界経済を下支えしていたのです。それらの国への注目度が一気に高まりました。特に中国は、2011年にGDPで日本を追い抜き、アメリカに次ぐ世界第2位の経済大国になったこともあり、注目度ナンバーワンだったのです。

ビジネススクールでも薄まる日本人と日本企業の存在感

もう1つは、スタンフォードにおける日本人の存在感がなくなってしまったことです。私の在学中、ビジネススクールには日本人学生が4人しかいませんでした。かつては15人ほどいたそうです。別に学生の受け入れ枠が減ったわけではありませんし、1学年の学生数にも大きな変化がないのに、です。日本人が激減した代わりに、中国人やインド人が増えてきたのです。特に中国人は自国の経済の向上を背景に、存在感がありました。ケーススタディで中国企業が取り上げられることも多かったですし、課外活動でも中国ビジネスを研究するクラブが結成されたりしていました。サマーインターンシップやスタディトリップでも最も人気があったのは中国です。

かつてケーススタディに登場するアジア企業といえば、日本の独壇場でした。今ではわずかに、トヨタ自動車やセブン‐イレブン・ジャパンのケースが取り上げられるだけです。それ以外はすべて、中国やインドの企業が占めています。

私のクラスメイトたちも授業の中で、「このビジネスを中国で展開してみたらどうだろうか」「中国には同じようなビジネスがあるのか」といった質問をどんどん投げかけていました。その頃、中国のネット企業がニューヨーク証券取引所に上場して、時価総額が数千億円に達したというニュースが、新聞紙面を飾っていたのです。ちなみに、同時期の日本のIPO企業は時価総額がせいぜい数百億円、時には数十億円レベルと規模では問題にならず、話題性に欠けていました。

たまに日本のことが話題に上ったかと思えば「日本経済はまだ破綻してないの？」とか、「日本の総理大臣、また替わったらしいじゃない」と言ったネガティブな話ばかりでした。特に2011年3月には東日本大震災やそれに伴う原発事故があったので、スタンフォードにおける日本のイメージは散々なものでした。

ベンチャーキャピタルの授業中に、教授が「日本のベンチャーは駄目だ。そもそも日本ではベンチャーなんか生まれない」という話をしたことがあります。一面では今の日本の姿をとらえているのかもしれませんが、偏見によるところも大きいと感じました。そこで私は、「今は日本も変わってきている。ベンチャーが生まれる環境もできているから、日本でもグリー（Gree）とかディー・エヌ・エー（DeNA）のような大きな会社も生まれている。一概に、日本のベンチャーが駄目だとは言えない」と反論しました。私がそんなふうに意見を言うことで、相手が「そうなんだ」と認識を改めてくれる場面も数多く経験しました。

日本では新しいものはもう生まれない。資金も集まらない。ベンチャーをやる国じゃない。そういうネガティブなイメージばかりが膨れ上がり、一人歩きをしているような気がします。実際、私が「Oh My Glasses」を起業して、シリコンバレーのベンチャーキャピタルを回った際も反応は冷ややかでした。

「うちは日本には投資していないんだ」「日本のビジネス？　中国でやったらどうだい？」

「日本」というキーワードが出ただけでアメリカの著名なベンチャーキャピタルは興味を失ってしまいます。そのような状況を自分の力で何とかしていかなければならないと、私は思っています。

卒業の直前に発生した東日本大震災を機に起業を決意

海外で知った震災の惨状と日本人の品格

スタンフォード大学の卒業を3カ月後に控えた２０１１年3月11日、東日本大震災が発生しました。私はアメリカにいたのでもちろん無事でしたが、テレビのニュースを見たり、ビジネスパートナーからの知らせを受けたりして、東北地方が壊滅的な被害を受けたことを知りました。この時、知人が２人、命を落としたのは、後でわかったことです。

私は、日本にいるビジネスパートナーとスカイプを使ってミーティングをしていましたが、その最中も余震が襲い、パートナーの「おっ、揺れてる揺れてる」という不安な声を聞くたびに、私も不安になりました。

この大震災は、遠く離れたアメリカにいる私にも大きな衝撃を与えました。私の中の「仕事を選ぶ軸」が一気に変わったのは、震災によるところも大きかったのです。「周囲の視線とか、今後のキャリア形成とか、そんなことを考えている場合じゃない。いつどうなるかわからないんだから、好きなことをやっておかなければ」。起業か就職か、揺れていた私の気持ちに踏ん切りをつけたのは、やはり震災でした。

震災に限らず、スタンフォードでは日本人学生が少なく、何かにつけて日本人の代表のような扱いを受けてきたことは、これまでにも何度か述べてきました。ですから、いろいろな場面で繰り返し、自分が日本人だと意識してきました。

そして震災のときには、同級生たちと当日の日本の映像をウェブ上で見ましたが、都内で夜になっても交通機関がすべてストップしている中、人々が暴動を起こすことなく、整列し、助け合いながら何時間もかけて歩いて帰宅した様子には「日本ってすごいねえ」という驚きの声が上がっていました。

「日本発世界」にこだわる理由

そんないろいろなことがあり、私はやはり日本人として、日本から世界へと展開していけるようなビジネスをやりたいという思いがありました。「日本発で世界へ」というところに日本復活のカギがあるんじゃないか。震災の映像を見たときにも、そんなことを考えたのです。

実は当時、メガネのECサイトの他に、もう1つメディカル・ツーリズムのビジネスについてもリサーチしていたのですが、結局はメガネを選びました。そしてまず米国法人を設立。卒業後の7月前半、ビジネスパートナーには2週間ほど仕事を休んで渡米してもらい、事業をスタートするためのディスカッションを重ねました。7月後半には私が帰国して、すぐに日本法人を設立。米国法人は結局閉じることになり、全業務を日本に移管したのです。

起業、会社経営を経験し、私が思っているのは、そのビジネスに自分が社会的意義を感じられるか、正しいことをやれるのかということの重要性です。自分が本当にメガネが好きで、面白いと思い、またこのビジネスが世の中にいろんな意味で必要なビジネスだと自信が持てるからこそ、単純に頑張れるし、社会的意義を感じられるのです。

そんなわけで、震災を境に、本当の意味で自分の価値観に根ざした仕事をしようと決断できました。それは私にとって起業であり、メガネであったのです。

メガネ産業の集積地、鯖江をパートナーに

日本の底力は「現場力」にあり

スタンフォードのような難関ビジネススクールに集まってくる優秀な学生は大きなビジネスばかりを見ている人が多数です。しかし私は、前職で中小企業再生を手掛けていたこともあり、ミクロな視点でもビジネスを見ていました。何だかんだいってもやはり日本は製造業の国であり、その製造業を支えてきたのは中小企業ではないかと思っていました。中小企業の最大の強みである「現場力」というものが、日本の本質的な価値を生み出してきた大きなポイントだという確信を持っていたのです。

ミスをせず、歩留まりをよくして、完璧なプロダクトを出荷していくということは、こ

れからの時代、手放しで推奨できる考え方ではありませんが、そこに日本人の心、日本人の魂が込められていることも事実です。私は前職でそのあたりのことも見ていましたから、「日本はまだまだいける」と感じていました。「日本という国は、世界に対してまだまだ大きなメッセージを発信していける」と。そして、その強さを伝えることもまた、スタンフォード留学の大きなミッションであると思っています。

そこで着目したのがメガネでした。日本のメガネの高い技術を、インターネットという新しい技術で復活させたい。昔ながらの伝統ある技術と新しいテクノロジーとを融合させることで、新たなビジネスの形を提唱したかったのです。

私は、日本のメガネ産業の集積地、福井県鯖江《さばえ》市に注目しました。私自身もともとメガネが好きで、鯖江で作られたメガネも持っていて、その高品質なことは知っていました。改めて調べてみると、メガネ産業に関連した会社だけで鯖江市には何百社もあり、日本製のメガネフレームの約96%がここで作られていたのです。ぜひビジネスパートナーを見つけたいと思いました。

鯖江市のメガネフレームの生産は明治時代に始まり、１００年以上の歴史があります。「帳場」と呼ばれる職人のグループがそれぞれに腕を磨き、後継者を育て、分業体制も進んできました。技術と品質の高さは世界的に定評があります。軽くて丈夫で、金属アレルギーを起こしにくいチタン製フレームの製造技術を世界で初めて確立したのも、鯖江です。ただし、何百社もあるので、技術力のレベルも価格帯もそれはいろいろです。そこでまず、技術力の高さを基準にめぼしい会社をリストアップして、「インターネットでメガネを売ることに興味はありませんか」と電話でアプローチを始めました。

職人気質が根強いとはいえ、2代目、3代目の経営者がほとんどです。中にはインターネットによる販売方法を理解している人もいるかと思ったのですが、「興味ないね」といった反応ばかりでした。

それならばと、現地を訪問してみましたが、経営者になかなか会ってもらえなかったり、アポイントメントを取っていても何時間も待たされたりしました。「スタンフォード大学MBA取得」という肩書きも、まったく通用しませんでした。

モノづくりや販売のあり方も時代とともに変わるべき

鯖江のメガネフレームには、一つひとつが熟練した職人の手作業で磨かれているという特徴があります。中国製や韓国製の安いフレームではこの工程が省かれていることも多く、その差は一目瞭然です。フレームが折れ曲がるジョイント部分のバネ蝶番も、これほどの高度なものは鯖江でなければ作れません。

このように熟練の職人の技術は世界に誇るべきもので、これからも受け継がれるべきです。ただ、技術を発信すること、モノを売ることについては、もっと変えていってもいいと思います。時代の流れとともに消費者の好みは変わっていきます。販売方法だって変化していきます。最近ではＥＣサイトやフェイスブック、ツイッターのようなソーシャルメディアの発達で、情報の発信、収集の方法も変わりました。そこに対応すれば、もっと産業として活性化するはずだと思いました。

モノを作ることと売ることの隙間を埋めたい。そんな気持ちで話を進めるうちに、少しずつ賛同を得られるようになり、パートナーシップの構築もできてきました。今ではようやく20社以上と取引するようになっています。

鯖江のメガネ産業も「けっしてこのままでいいわけではない」という危機感を持っていたのではないかと感じています。中国や韓国から安いメガネがどんどん入ってきて、量販店で販売されています。鯖江でも毎年のように業者が減り、現在は全盛期の半分くらいになってしまっていると聞きます。彼らも、打開策を求めていたんだと思います。

起業にあたって考えたリスク

失敗した起業家に再投資するシリコンバレーの文化

日本とアメリカでは、起業のリスクに対する考え方も大きく異なっています。日本では起業することはたいへんリスキーだと思われています。一方で、私がスタンフォードにいる間、周りでは起業することとフェイスブックに登録することがまるで同じレベルのように語られていました。

日本では優秀な人材が外資系のコンサルティング会社や投資銀行にいくというのが、典型的なエリートコースです。しかしシリコンバレーでは、優秀な人は起業家になっていきます。そもそも優秀な人は世の中に大きなインパクトを与えることしか考えていないのです。スタンフォード大学を卒業したからといって、実際に起業する卒業生がそれほど多いわけではないという現実はあるものの、起業家が新しいビジネスを起こし、新規雇用を生み、世の中を支えているということを、多くのアメリカ人が十分理解しています。その点でも、日本とは大きな違いがあると思います。

起業はあくまでも人生の１つのオプションです。あるときは企業で働き、起業したくなったら独立し、また企業に戻ることがあってもいいと思うのです。とりあえず自分で会社を２～３年経営し、その後は会社を誰かに売却して、新しいことを始めるくらいの自由さがアメリカにはありました。

もちろんそれは、起業して失敗しても、起業したという事実がキャリアとして評価されるというシリコンバレー独特の文化があってこそだと思います。日本では一度ベンチャーに転職したり、起業して失敗してしまうと、二度と大企業に戻れないことがほとんどです。「１回はみ出してしまったらもう戻れない文化」「失敗したら叩き潰される文化」が厳然として存在し、それが一番のリスクだと私自身も考えていました。

シリコンバレーでは、失敗は学習であり、次のアクションにつながっていくものです。それを評価する土壌があり、失敗した起業家に対して、前と同じ投資家がまた出資してくれるケースもごく普通のことです。

シリコンバレーの投資家の考え方は、ある意味、ものすごく洗練されています。

「このビジネスが失敗したのは、この起業家のせいではなくて、市場が立ち上がらなかったからだ」

「新しいビジネスをやろうとして、彼はやるべきことをちゃんと実行した。でも大きなマーケットにならなかったのは、市場環境による」

「彼は優秀だから、もう1回挑戦させてやりたい」

このように考える投資家が、シリコンバレーには大勢いるのです。

起業は身構えてやるものではなく、クールにやるもの

もちろん、起業する以上は自分や他人の財産を使うわけですし、人数の多寡に関わらず、スタッフを雇えば雇用責任も発生します。それは全世界共通のルールで、アメリカだろうと日本だろうと、責任を負うことは必要です。

世の中にインパクトを与えることをやるには、実際にさまざまなしがらみを乗り越えていかなければなりません。けっしてスマートなことばかりではなく、泥臭いこともももちろ

んあります。それをやり続けるには勇気も必要です。今、私が手掛けているメガネのＥＣサイト「Oh My Glasses」のビジネスでも、それは痛感しています。だとしても、一大決心し、身構えて起業するのではなく、もう少しクールに構えてみてもいいような気がします。重要なことは自分の価値観をどれだけ重視するのか、そのために今、どういう選択をするのかということだと考えるからです。

慶應義塾大学、外資系投資銀行、コンサルティング会社、スタンフォード大学と、はたから見ると典型的なビジネスキャリアを追求してきた私が、なぜメガネという現在市場が緩やかに縮小しつつある産業をビジネスに選んだのかというと、日本の技術力が成長のカギだという確信があるからです。私が起業して手掛けている、伝統技術とトレンドとを結び付けるサービスは、世の中にとって価値があるものだと思っています。

モノづくりにおける日米開発方法の違い

仕様をガッチリ決めないアメリカのやり方

いま、私は伝統技術と最新トレンドを結びつけるという自分のビジネスの中で、スタンフォードで学んだモノ作りの考え方を活かしています。早く失敗して、失敗から多くを学び、フィードバックする。日本でもＥＣサイトやソーシャルゲームをはじめとするインターネット上のサービスは、そういった作り方が主流になってきました。

アメリカでは、最初はあまり詳細な仕様書を書きません。最後まで完璧に作り込まない内に商品をリリースし、消費者からフィードバックをもらいながら修正していきます。たとえて言うなら、テーブルを作る際、大まかな仕様を決めたら足の高さはこれでいいのかを消費者にヒアリングしていき、間違っていたら修正するというイメージです。

一方、日本では先に仕様書をガッチリ固めておくことが多いです。仕様書どおりのモノを完璧に作り、それを消費者にどう売ろうかを考えるのです。先ほどと同様にテーブルにたとえるなら、足から天板まで、仕様書と寸分違わぬものに仕上げていきます。しかし、ちょっと待ってください。「これなら完璧だ。お客さんは必ず買ってくれるだろう」と考えて完璧なモノ作りをしているわけですが、それはあくまでも作り手の想像、あるいは予測でしかありません。

日本の職人的なモノ作りにはもちろんいい面がたくさんありますが、「これなら売れるだろう」と予測に基づき、完璧を追求しても、その予測が違っていたらたちまち市場からそっぽを向かれてしまいます。アメリカのようなポイント、ポイントで修正をかけられるようなモノ作りの体制であれば、途中で軌道修正がかけられるので、痛手を負わずにすみます。

資産としての「モノづくりの技術」をどう活かすか

消費者の嗜好がますます多様化する現在、日本型のモノ作りも少しずつ変えていく必要があると日々感じています。メガネも同じで、鯖江の職人の中には、びっくりするほど高度な技術を駆使したモノ作りをする人がいて、確かにすばらしいモノが仕上がりますが、お客さんがそれを求めているかどうかはまた別の話です。

別に日本の職人を否定しているわけではありません。しかし流通における川上から川下の流れの中で、川下、つまり人の嗜好やトレンドは時代とともに大きく変わっています。そこで、川上のモノづくりの現場は変えずに、そこから川下への流れを変えていけばいいと思うのです。製造から販売まで、すべてを一気通貫で同じ人あるいは同じ会社でできるとは考えられないので、作る人と売る人が分業し、ビジネスパートナーとして一緒にやっていけばいいのではないでしょうか。

高品質な商品を生み出すためのモノ作り、現場の作り方自体はこれからも変わらないと思います。そこが、これからの価値になっていくからです。今後、日本市場が先細りしていく中で、そのようなモノ作りの伝統、技術は必ず、日本のアセット（資産）として際立っていくと私は見ています。ですから私のビジネスもそこを意識して、古くからあるモノ作りは残しつつ、新しいものにどうフィットさせていくかを仮説検証していかなくてはならないと思っています。

留学、MBA取得に対する自分の考え

留学する、しないはライフスタイルの問題

日本に帰国し、スタンフォード大学での留学体験を講演で伝える機会もずいぶん増えてきました。このとき、「これからのキャリアを考える際に、留学したほうがいいですか。MBAを取ったほうがいいですか」ということをよく聞かれます。特に多いのは、「そもそも自分は大企業や投資銀行でそれなりのキャリアを積んでいるから、いまさらMBAを取ってもキャリアアップにならないのではないですか。勉強することは、キャリアにどれほどのプラスになりますか」という質問です。

それはちょっと違うと私は思っています。私自身も、外資系投資銀行、コンサルティン

グ会社を経てスタンフォード大学に留学しました。最初はある意味典型的なエリートキャリアを追求したいという気持ちもありました。しかし、スタンフォード留学を終えてみて、そもそもビジネススクールの2年間とは、その人の価値観やライフスタイルがどのように変わっていくかの経験だということがよくわかりました。

前にもお話しましたが、スタンフォードに集まる学生たちは、みんな自分の価値観に従い、ユニークな人生を追求しています。「自分の価値観はこうで、将来はこういうライフスタイルにしたいから、今からこういう仕事をしておくべき」という具合に、仕事を選んでいます。最初は私にとって、そこが大きな驚きでした。

有名大学のMBAを取得すれば、その後、高い給料で雇ってくれる会社がたくさん出てくると思います。では、その高い給料は何をもたらしてくれるのでしょうか。

多くの人が「お金がほしい」「もっと稼ぎたい」というのは、そのお金を使って、よりハッピーになれるだろうと考えるからだと思います。こういう家に住みたい、子どもがいたらいい学校に入れたい、ということなのでしょう。ただ、そのために嫌な仕事でも無理してやるというのは、本質的にはおかしいと少なくとも私は感じています。

スタンフォードで私は、自分の価値観を犠牲にし、嫌な仕事を選ぶことがどれほどストレスフルでリスキーなのかということに気づきました。１日の中で仕事に取られる時間はかなりのものです。その時間がつまらなかったら、ストレスが溜まる一方です。お金はあまり稼げなくても、最初から好きな仕事をしたほうがハッピーですし、結局我慢してたくさん稼ぐのと、得られるものはそれほど変わらないと思うのです。

誰の言葉かは忘れましたが、よく聞くのがフィッシャーマン（漁師）の話です。ある港町に、毎日毎日魚を釣り、それを食べて楽しく過ごしているフィッシャーマンがいます。それを見て「それじゃあ駄目だ」とＭＢＡを取得したある男が言います。

「お金を借りて投資し、船を増やして、もっとガンガン魚を獲るべきだ。そうすれば事業が大きくなり、儲けも増える」

確かにお金を儲ければ、家族と好きなことをして過ごす時間も持てます。しかし、待ってください。そのフィッシャーマンは、最初から悠々自適のライフスタイルを貫いているのです。別に家族と贅沢をするのが、彼の求めるライフスタイルではありません。フィッシャーマンとＭＢＡ氏、どちらの生き方を選ぶのかは、それぞれが求めている価値観、ライフスタイルの違いでしかないのです。

スタンフォード留学最大の収穫は自分の価値観の変化

すでに何度もお話したとおり、スタンフォードに行って、私の価値観は大きく変わりました。あえてもう1度言います。世の中にインパクトを与えたい、ここにある問題を解決したいというアジェンダを明確に持っている同級生たちに出会い、私自身もまた自分のアジェンダを持つようになりました。そしてそのアジェンダのために、日本の製造業や中小企業の強さに着目し、起業をしました。

スタンフォードでは確かに、世界の変え方を学べます。それは私自身が身を持って体験してきました。しかしその前に、自分の価値観がどんどん変わっていくという大きな発見をしますし、それこそが重要だと今では思っています。

あとがき

『スタンフォードの未来を創造する授業』を最後までお読みいただきありがとうございました。

私自身が2011年6月にスタンフォード大学を卒業してから、もうすぐ2年になります。本書を執筆するに当たって、在学時代のことをいろいろと振り返り、「やはり最高の2年間だったな」としみじみと感じています。今こうして独立して、新しいことにチャレンジする勇気をくれたのもスタンフォードの2年間でした。自分の人生を大きく変えてくれたスタンフォードに本当に感謝しています。

私がスタンフォードで学んだ「世界を変える」というのは、世の中の一部の人の特権でしょうか？　私は違うと思います。

「誰だって世界は変えられる」

私が本書を通じてみなさまに一番お伝えしたかったことです。

スタンフォード在学中の2年間で本当に多くのことを学びました。しかしながら、そのエッセンスはもしかすると、わざわざ高いお金を払って現地に行かなくても、私が本書でお伝えすることによって学ぶことができるのではないか、と思ったのが本書を執筆しようと思ったきっかけです。

失敗を恐れずにチャレンジし、失敗しても失敗から学んで次につなげる。お金のことを気にせず、勇気を持って好きなことをやる。リーダーとしての責任とは何か。フェアであること。私がスタンフォードで学んだレッスンは数え上げればきりがありません。最初から「世界を変える」というのはもちろん難しいかもしれませんが、日々のちょっとした心がけの積み重ねで、少しずつでも世界や自分の身の周りの環境はより良い方向に必ず変わって行くと思います。はじまりは、日々の身の周りのちょっとしたことでもいいのです。たとえば、社内のリスキーな新規事業に担当者として手を挙げてみる、部下の失敗を非難せずに挑戦したことを褒めてみる、社内会議でデザインスクール流のブレンストーミング方法を取り入れてみる、などやれることはたくさんあると思います。

最後になりますが、近年日本の競争力の低下が叫ばれて久しい中、今後、10年後、30年後、50年後の日本の未来を中心となって担っていかなければならないのは、我々若手世代だと思っています。本書を読んで1人でも多くの人が前向きになり、勇気を持って挑戦し、そして、その結果として日本が少しでも元気になれば私にとってそれ以上の喜びはありません。

2013年1月吉日

オーマイグラス株式会社　代表取締役CEO　清川忠康

※本書『スタンフォードの未来を創造する授業』のフェイスブック特設ページを開設しました。本書をお読みの方はぜひ感想を書き込んでください。著者の清川忠康氏のセミナー・講演予定も随時アップしていきます。
http://www.facebook.com/events/115795941922996/

【著者紹介】

清川忠康（きよかわ・ただやす）

オーマイグラス株式会社 代表取締役 CEO

1982 年大阪生まれ。慶応義塾大学法学部卒業。大学在学中に米国に語学留学。慶応義塾大学卒業後、インディアナ大学大学院に留学し、会計学とファイナンスを学ぶ。帰国後、UBS 証券投資銀行本部を経て、㈱経営共創基盤に参画。同社では、流通・小売、広告・メディア、ヘルスケア等の幅広い業種に対して事業再生や成長支援等をはじめとする様々なテーマのプロジェクトに従事。2009 年、三度目の米国留学としてスタンフォード大学ビジネススクールに入学。在学中は、米中のスタートアップ企業の経営にも関わる。２年次在学中に現在の会社を創業し、代表取締役に就任。2011 年６月にスタンフォード大学を卒業して MBA（経営学修士号）を取得した後、帰国。現在、メガネに特化した EC サイト「Oh My Glasses」を運営し、世界有数のメガネ生産地である福井県鯖江市の中小企業と提携。従来通販は難しいとされてきたメガネの EC を成功させて各種メディアから注目されている。

〈Oh My Glasses〉サイト
http://www.ohmyglasses.jp/
〈Twitter〉
@ Tadman.Z

視覚障害その他の理由で活字のままでこの本を利用出来ない人のために、営利を目的とする場合を除き「録音図書」「点字図書」「拡大図書」等の製作をすることを認めます。その際は著作権者、または、出版社までご連絡ください。

スタンフォードの未来を創造する授業

2013年2月4日　初版発行

著　者　清川忠康
発行者　野村直克
発行所　総合法令出版株式会社
〒107－0052　東京都港区赤坂1-9-15 日本自転車会館2号館7階
電話　03-3584-9821（代）
振替　00140-0-69059

印刷・製本　中央精版印刷株式会社

落丁・乱丁本はお取替えいたします。
©Tadayasu Kiyokawa 2013 Printed in Japan
ISBN 978-4-86280-344-3
総合法令出版ホームページ　http://www.horei.com/

総合法令出版の好評既刊

世界の大富豪2000人に学んだ
幸せに成功する方法
トニー野中 著

ロスチャイルドをはじめとする 2000 人にも及ぶ世界の成功者たちと出会う中で、著者が経験したエピソードを交えて、彼らが人知れず実践している成功習慣を紹介。「普通の人でも幸せな成功者になれる方法」として誰でも実践可能な成功法則。

定価(本体1300円+税)

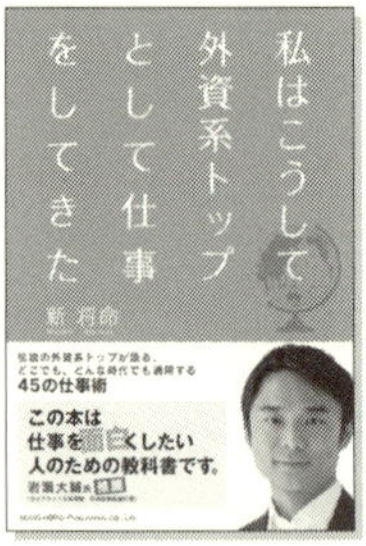

私はこうして外資系トップとして
仕事をしてきた
新 将命 著

「優れたビジネスリーダーは優れたコミュニケーターである」「ビジネス失敗の原因の 80%はコミュニーションミスだ」。半世紀にわたり数々のグローバル企業の日本人トップを務めてきた著者が、どこでもどんな時代でも通用する普遍的なビジネススキルを伝授!

定価(本体1300円+税)

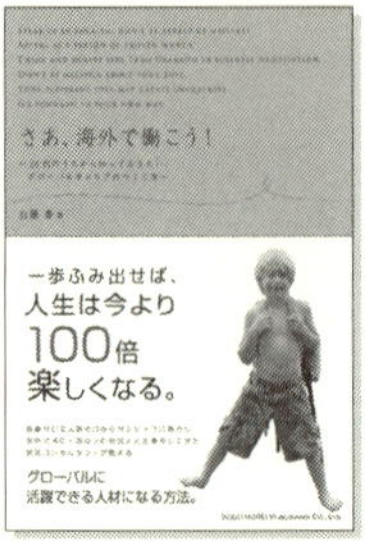

さあ、海外で働こう!
~20代のうちから知っておきたい、
グローバルキャリアのつくり方~
白藤 香 著

グローバル企業で 40 カ国以上の外国人と働いてきた著者の考える、海外で通用する働き方とは?
　海外で働くことを憧れで終わらせないための実践的なスキルやコミュニケーション力などの「海外で生き抜く知恵」を身に着ける方法を紹介。

定価(本体1300円+税)

総合法令出版の好評既刊

ハーバード大学史上最多の履修者数を誇る
人気教授マイケル・サンデルの話し方とは?
松本幸夫 著

ハーバード大学の「正義（Justice）」の講義で日本でも有名となったマイケル・サンデル。巧みな質問で相手の考えを引き出す、相手の答えをわかりやすく言いかえるなど、サンデルの話し方のポイントをまとめた一冊。

定価(本体1300円+税)

図解　スティーブ・ジョブズのプレゼン術

松本幸夫 著

スティーブ・ジョブズのプレゼンテクニックを、平易な文章と豊富な図解・イラスト・写真を使って解説。プレゼンが苦手といわれる日本人のためにジョブズのスピーチやプレゼンを徹底的に分析し、その応用方法を解説したものである。

定価(本体1300円+税)

スティーブ・ジョブズから学ぶ
実践英語トレーニング
安達 洋・渋谷奈津子 著

スティーブ・ジョブズのプレゼンテーション、スピーチ、インタビューなどから珠玉のメッセージを厳選して原文と日本語訳を掲載。詳しい文法解説と応用表現で誰もがジョブズ流の表現やロジックを楽しく身につけられる。付属 CD2枚付き。

定価(本体1700円+税)

創刊10周年！

100万部突破のロングセラー

「通勤大学MBA」シリーズ

ビジネススクールで学ぶ
知識のエッセンスを
新書サイズに凝縮。
「1テーマ見開き2ページ・
図解付き」で
わかりやすく解説。

グローバルタスクフォース／著

通勤大学 MBA 1	マネジメント（新版）	定価（本体 850 円+税）
通勤大学 MBA 2	マーケティング	定価（本体 790 円+税）
通勤大学 MBA 3	クリティカルシンキング	定価（本体 780 円+税）
通勤大学 MBA 4	アカウンティング	定価（本体 830 円+税）
通勤大学 MBA 5	コーポレートファイナンス	定価（本体 830 円+税）
通勤大学 MBA 6	ヒューマンリソース	定価（本体 830 円+税）
通勤大学 MBA 7	ストラテジー	定価（本体 830 円+税）
通勤大学 MBA 8	Q&A ケーススタディ	定価（本体 890 円+税）
通勤大学 MBA 9	経済学	定価（本体 890 円+税）
通勤大学 MBA 10	ゲーム理論	定価（本体 890 円+税）
通勤大学 MBA 11	MOT	定価（本体 890 円+税）
通勤大学 MBA 12	メンタルマネジメント	定価（本体 890 円+税）
通勤大学 MBA 13	統計学	定価（本体 890 円+税）
通勤大学 MBA 14	クリエイティブシンキング	定価（本体 890 円+税）
通勤大学実践 MBA	決算書	定価（本体 890 円+税）
通勤大学実践 MBA	事業計画書	定価（本体 880 円+税）
通勤大学実践 MBA	戦略営業	定価（本体 890 円+税）
通勤大学実践 MBA	店舗経営	定価（本体 890 円+税）
通勤大学実践 MBA	商品・価格戦略	定価（本体 890 円+税）
通勤大学実践 MBA	戦略物流	定価（本体 890 円+税）